世界の伝承あやとり

南北アメリカのあやとり

野口とも

先住民の文化と生活から生まれたかたち

世界のあやとりマップ ※国名は通称で記しています。

「世界の伝承あやとり」シリーズでは、これらの地域で採集されたあやとりを紹介します。

はじめに

カナダやアメリカには、大昔からその土地に住んでいた先住民の人たちが、今も少数ながら暮らしています。それぞれの先住民たちにとってあやとりは祖先から受け継いだ大切な文化であり、誇りでもあります。また、南アメリカの国々にも昔からあやとりが伝えられていました。あやとりが季節を表すカレンダー代わりにも使われていたなどと、興味深いものがたくさんあります。彼らのあやとりを見ていると、その生活環境や自然環境などを想像することができるのです。

野口とも

もくじ

第1章
南北アメリカのあやとり 5

クワクワカワク（バンクーバー島先住民）のあやとり 6
大きな鮭 6
太陽・月・星 8
2頭のシャチ 10
子どもの墓 12

アメリカ先住民の
あやとり 14
大きな星（金星） 14
たくさんの星 16
プレアデス（7つ星） 18
嵐の雲 20
稲妻 22
鳥の巣 24
ナバホの蝶 26
ふくろう 28
たきぎ運び 30
毛虫 32
ティーピー 34
テントの幕（ナバホの敷物） 36
うさぎ 38
矢を取りっこする少年 40
開拓地の家 42
六角星 44
赤ん坊占い 46

南アメリカ先住民の
あやとり 48
オウム 48
魚のわな（メガホン） 50
ヒキガエル 52
骨・魂・霊 54
足跡 56
7つのダイヤモンド 58
チャマの家 60
こうもりの群れ 62
メクラヘビ 64
メクラヘビの目 66
スカンク 68
火山 70

［コラム1］
「ティーピー」のあやとり 72

第2章
とってみよう 73

あやとりの基本 74

初級
材木運び 78
ティーピー 80
足跡 82
毛虫 84
オウム 86

中級
稲妻 88
たくさんの星 90
ナバホの蝶 93
テントの幕 96
開拓地の家 100
六角星 105

上級
火山 106

クワクワカワク（バンクーバー島先住民）の
あやとり 112
ナバホ（アメリカ先住民）のあやとり 114
南米ガイアナのあやとり 116
南米ペルー、ブラジル、アルゼンチンの
あやとり 117
あとがき 118

4

第1章
南北アメリカのあやとり

カナダには極北圏(きょくほくけん)に住むイヌイットなどのあやとり(極北圏編)の他に、カナダ南部に住むクワクワカワクのあやとりなど、数多くのあやとりが伝承(でんしょう)されています。本書では、アメリカに近いバンクーバー島に住むクワクワカワクの人々のあやとりと、アメリカの先住民、南アメリカの先住民たちのあやとりを紹介(しょうかい)します。

※第1章に写真を掲載したあやとりの中で、とり方を紹介するものには第2章の掲載頁を記しています。

クワクワカワク（カナダ南西部先住民）のあやとり

クワクワカワクの人々に伝えられたあやとりの中から、日本ではあまり知られていないあやとりを4種紹介します。採集したのは、アメリカの文化人類学者F. ボアズ博士のカナダ・バンクーバー島調査に同行したJ. P. アヴェルキエバというロシア人留学生でした。

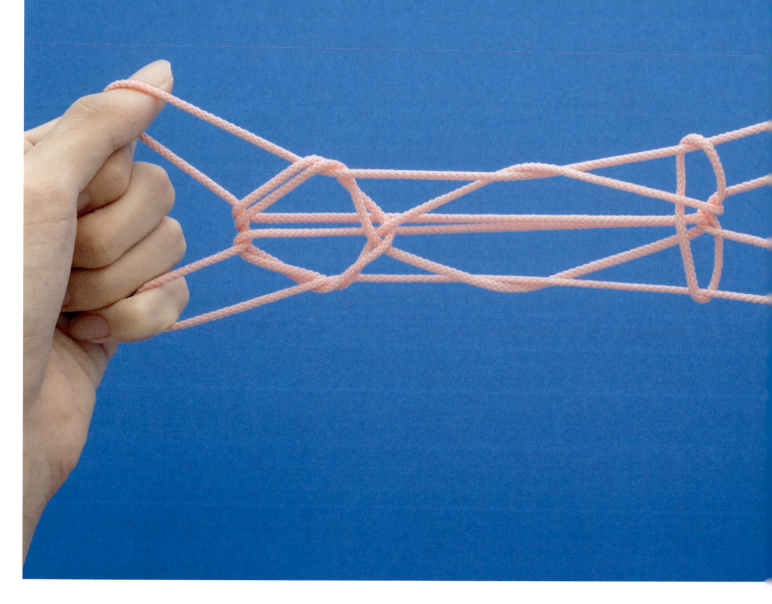

大きな鮭
A Big Salmon

カナダの鮭（さけ）は、夏は涼（すず）しいベーリング海で、冬は暖（あたた）かいアラスカ湾（わん）で過（す）ごし、3年〜5年ほど海で育った後、卵（たまご）を産むために川に上ってきます。このあやとりでは大きく育った鮭を表しています。

出典 = Julia Averkieva, Mark A. Sherman, *Kwakiutl String Figures*, UBC Press, 1992

太陽・月・星
Sun, Moon, A Star

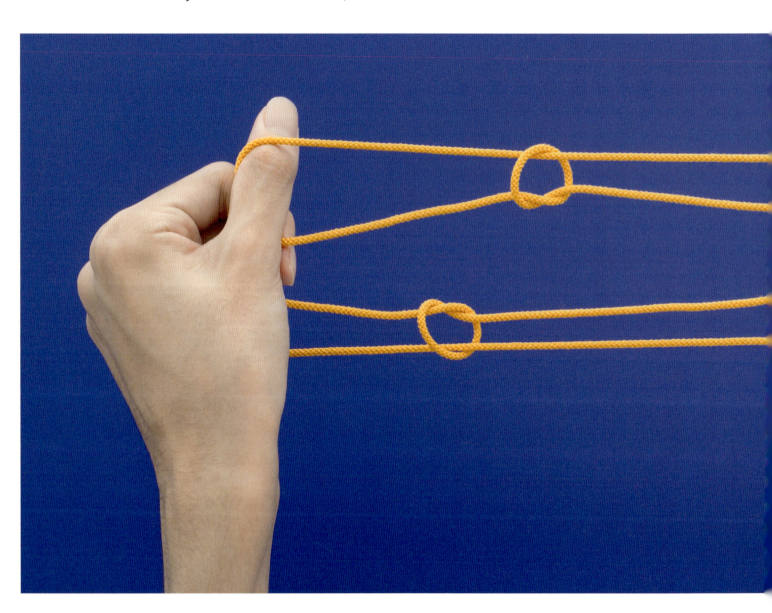

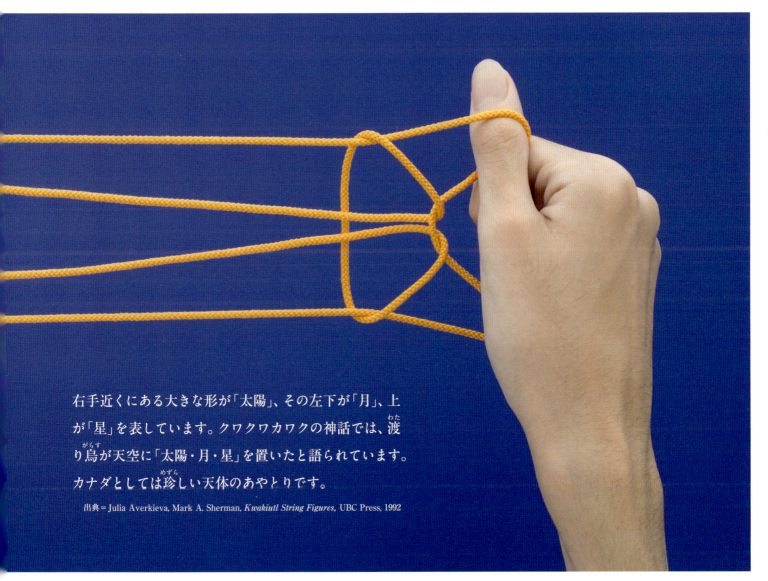

右手近くにある大きな形が「太陽」、その左下が「月」、上が「星」を表しています。クワクワカワクの神話では、渡り鳥が天空に「太陽・月・星」を置いたと語られています。カナダとしては珍しい天体のあやとりです。

出典＝Julia Averkieva, Mark A. Sherman, *Kwakiutl String Figures*, UBC Press, 1992

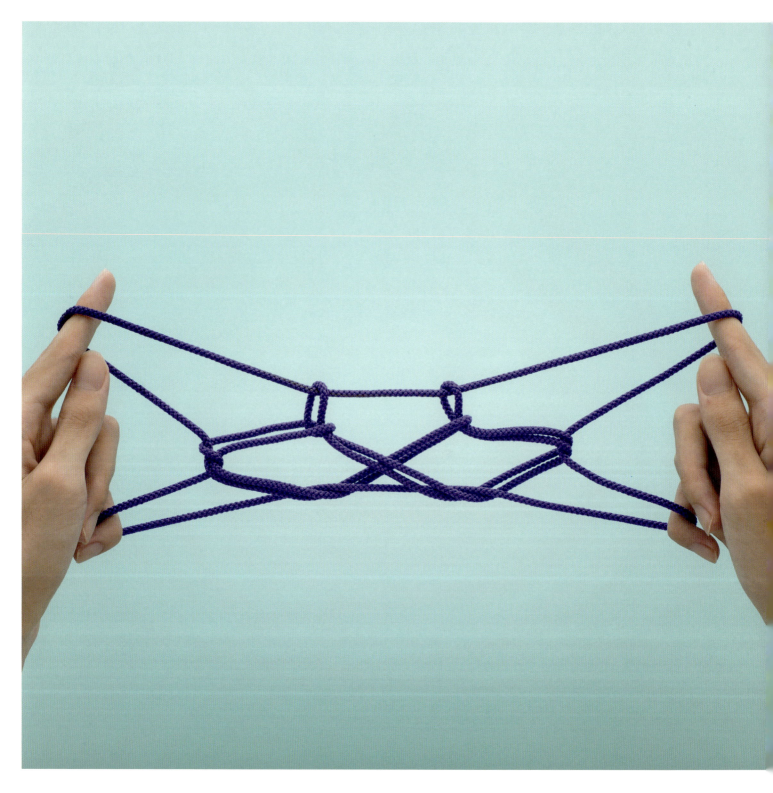

2頭のシャチ
Two Killer Whales

「2頭のシャチ」が潮を吹いている様子を表しています。クワクワカワクの伝説ではシャチは死者の魂を海へ運んでいくと信じられていました。

出典 = Julia Averkieva, Mark A. Sherman, *Kwakiutl String Figures*, UBC Press, 1992

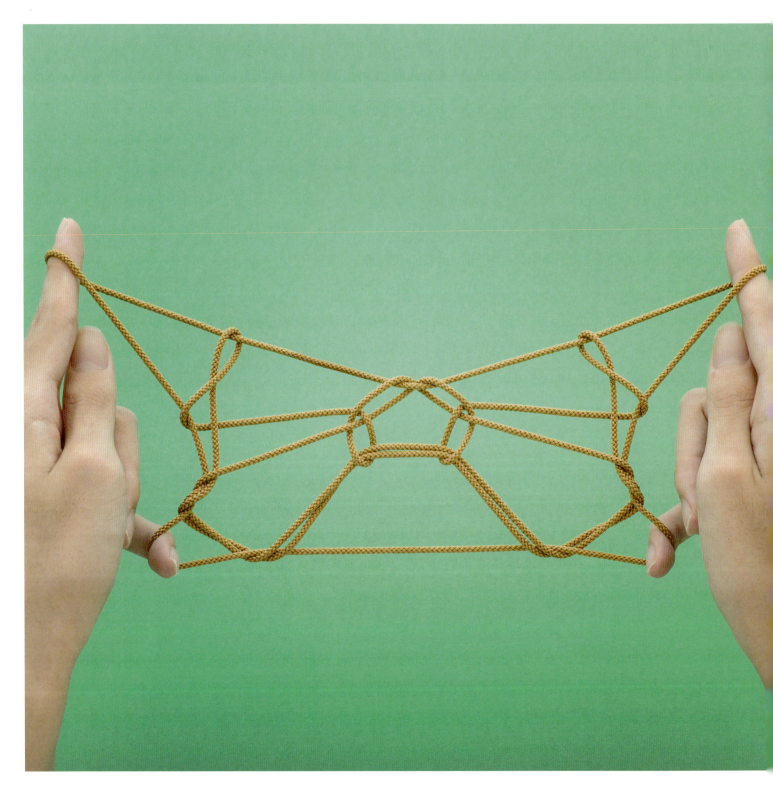

子どもの墓
A Grave of a Child

クワクワカワクの伝統的な風習では、死んだ子どもの遺骸は彫刻が施された棺のなかに収められ、遺骸が狼などに食べられないように、地上のお墓ではなくトウヒ(松)の上の高い所に安置されます。このあやとりはトウヒの上の高い所に置かれた五角形の棺を表しています。

出典 = Julia Averkieva, Mark A. Sherman, *Kwakiutl String Figures*, UBC Press, 1992

アメリカ先住民のあやとり

北アメリカ大陸の先住民の中でも、ナバホ族の人々（アリゾナ州北東部）には見事なあやとりが伝えられていました。ヘカレーヤ・アパッチ族（ニューメキシコ州北部）、クラマス族（オレゴン州）やプエブロ族（ニューメキシコ州）、ワイラキ族（カリフォルニア州北西部）などの人々にも独自のあやとりが伝えられています。

大きな星（金星）
Big Star

ナバホの人々が暮らしたアリゾナ州北東部の高地は空が澄みわたり、夜空には一面星が瞬いていたことから、星のあやとりがたくさんあります。「大きな星」は金星を表しているそうです。

出典 = Carorine F. Jayne, *String Figures and How to Make Them*, 1906

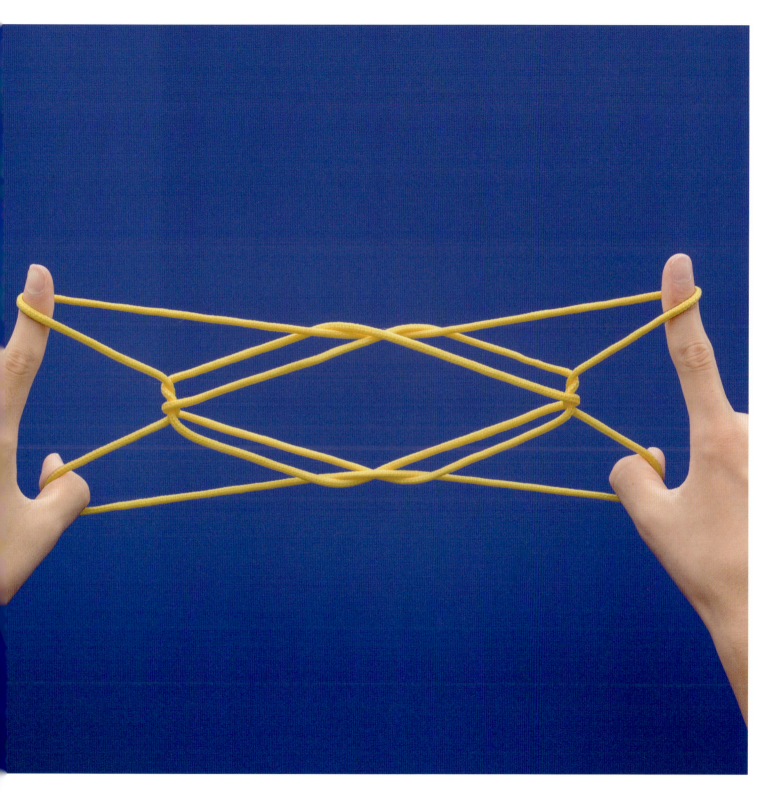

ナバホの人々はこのあやとりを子どもたちに見せながら、「宇宙のはじまり」の話を聞かせていたそうです。1901年にハッドン博士がシカゴに住むナバホの老人から採集しました。

出典 = Carorine F. Jayne, *String Figures and How to Make Them*, 1906

プレアデス（7つ星）
Pleiades

ナバホの人々の夜空をかざる星団「プレアデス」は、日本では「すばる」とよばれている美しい星々の集まりで、牡牛座の中にあります。1904年にセントルイス万博でジェーン夫人がナバホの2人の少女から採集しました。

出典 = Carorine F. Jayne, *String Figures and How to Make Them*, 1906

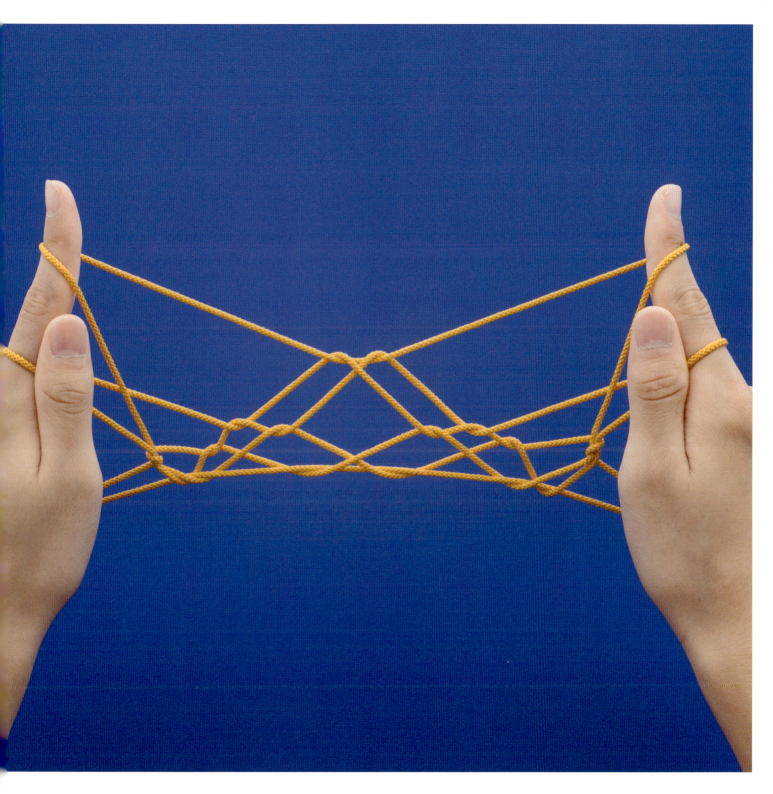

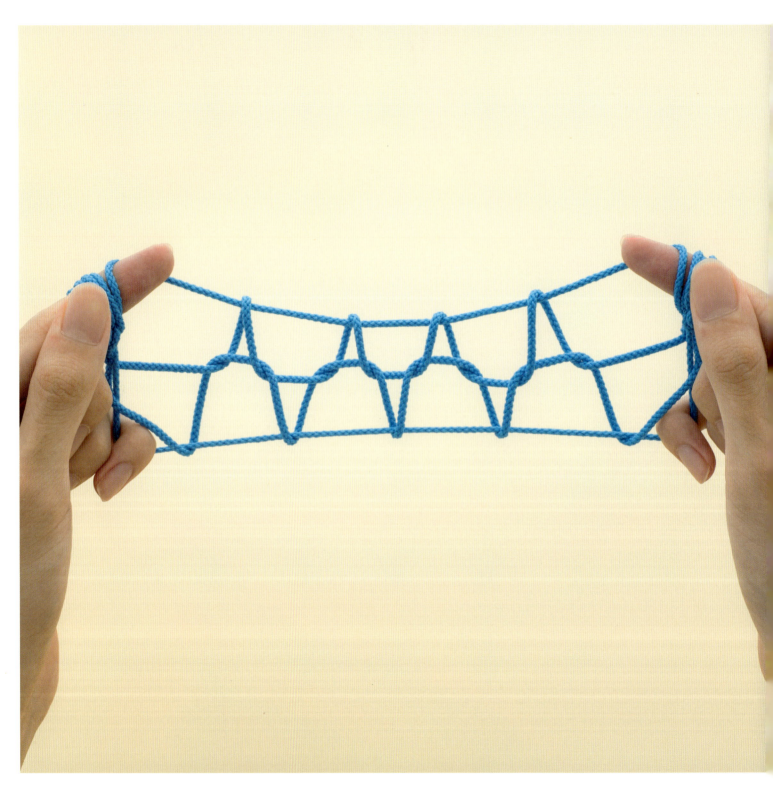

嵐の雲
Storm Clouds

同じ操作を繰り返すと、雲がいくつでも作れます。
1904年にセントルイス万博でジェーン夫人がナバホの女性から採集しました。

出典 = Carorine F. Jayne, *String Figures and How to Make Them*, 1906

稲妻
Lightning

「稲妻」の完成形は、最後の操作で一瞬にしてパッと光が走るような見事な形です。1901年にハッドン博士がシカゴのナバホの老人から採集しました。

出典 = Carorine F. Jayne, *String Figures and How to Make Them*, 1906

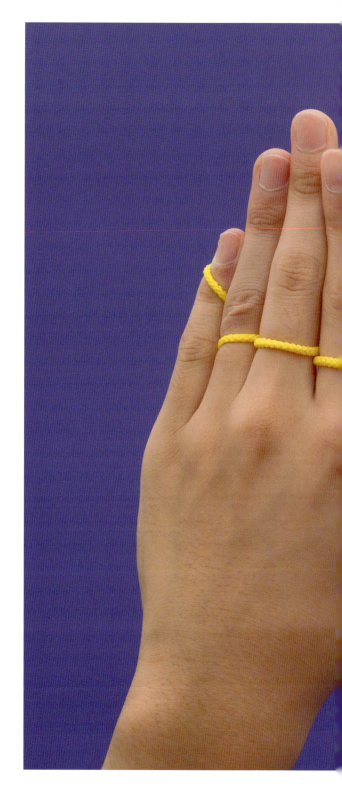

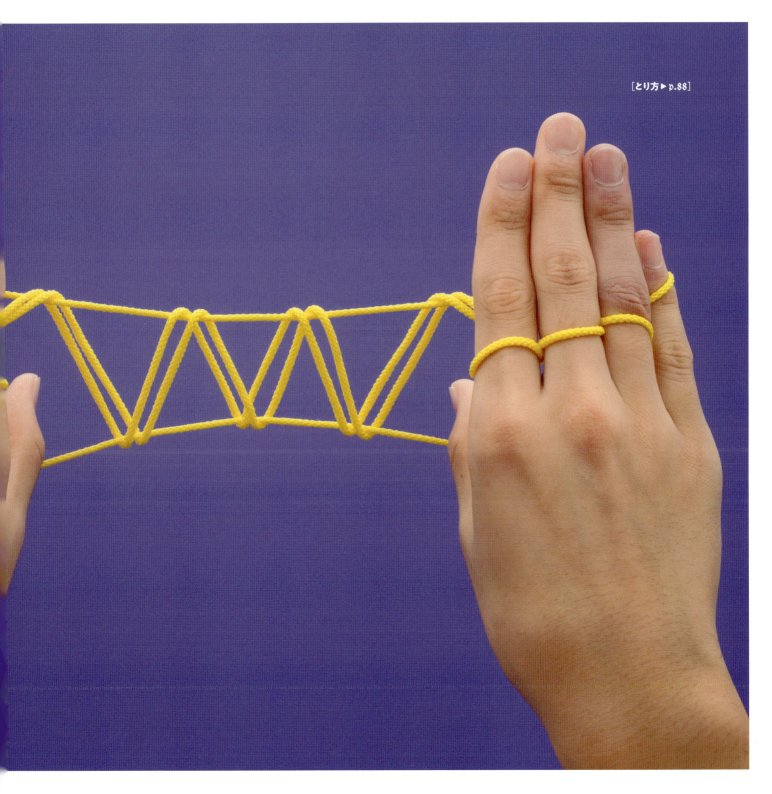

[とり方 ▶ p.88]

鳥の巣
A Bird's Nest

できあがりの形はわずかに左右非対称です。1904年にセントルイス万博でジェーン夫人がナバホの少女から採集しました。アフリカのスーダンには、同じ名前で形もとり方も違うあやとりがあります。

出典 = Carorine F. Jayne, *String Figures and How to Make Them*, 1906

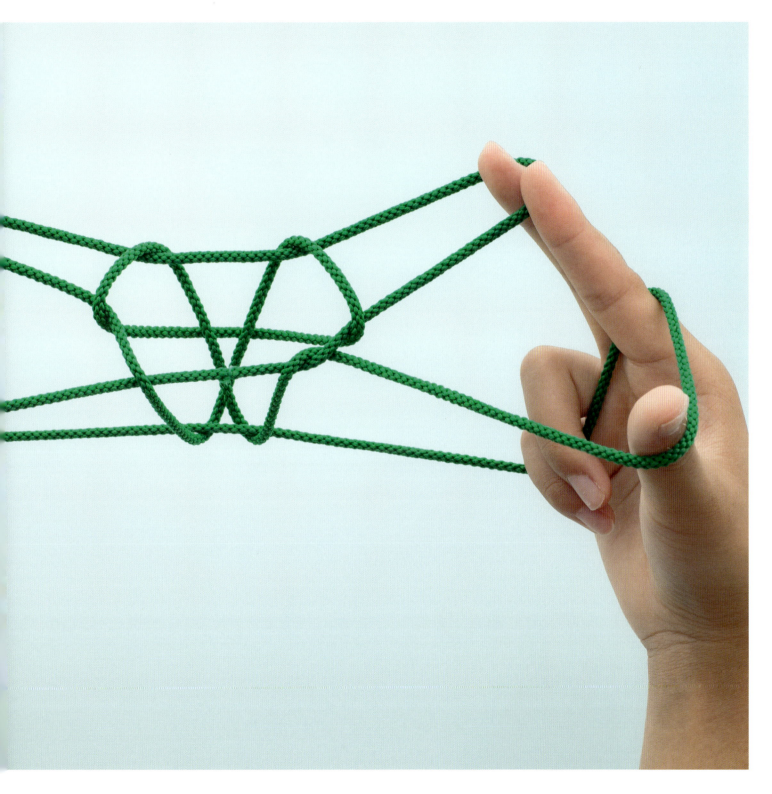

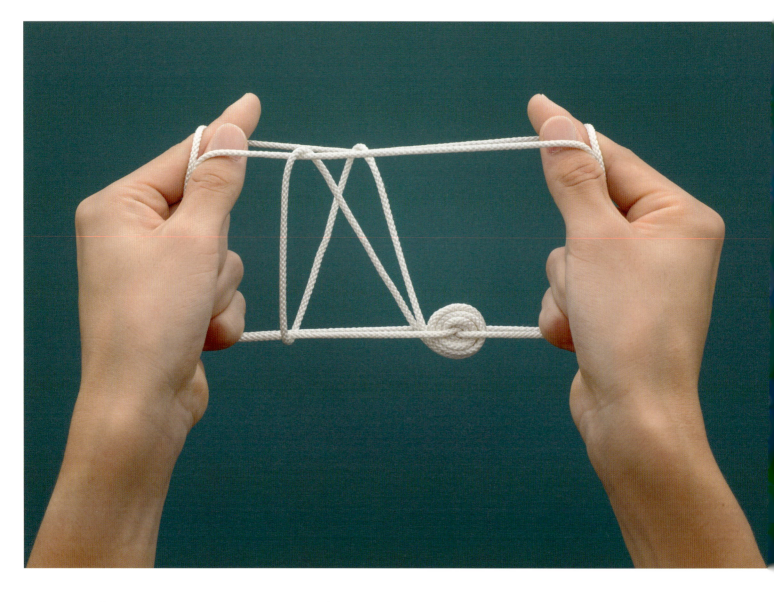

ナバホの蝶
Butterfly

[とり方 ▶ p.93]

蜜を吸う口吻と羽だけで立体的な蝶形を見事に表現しています。親指と人さし指を広げたり閉じたりすると羽がパタパタと動きます。1904年のセントルイス万博でジェーン夫人がリバホの人から採集しました。

出典 = Carorine F. Jayne, *String Figures and How to Make Them*, 1906

ふくろう
An Owl

「たくさんの星」(p.16) に人さし指のひねりを加えた
とり方をします。1904年のセントルイス万博でジ
ェーン夫人がナバホの人から採集しました。

出典 = Carorine F. Jayne, *String Figures and How to Make Them*, 1906

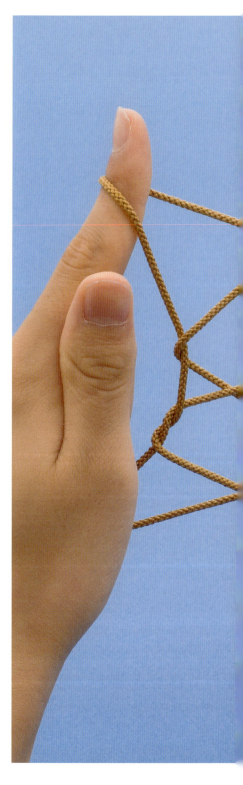

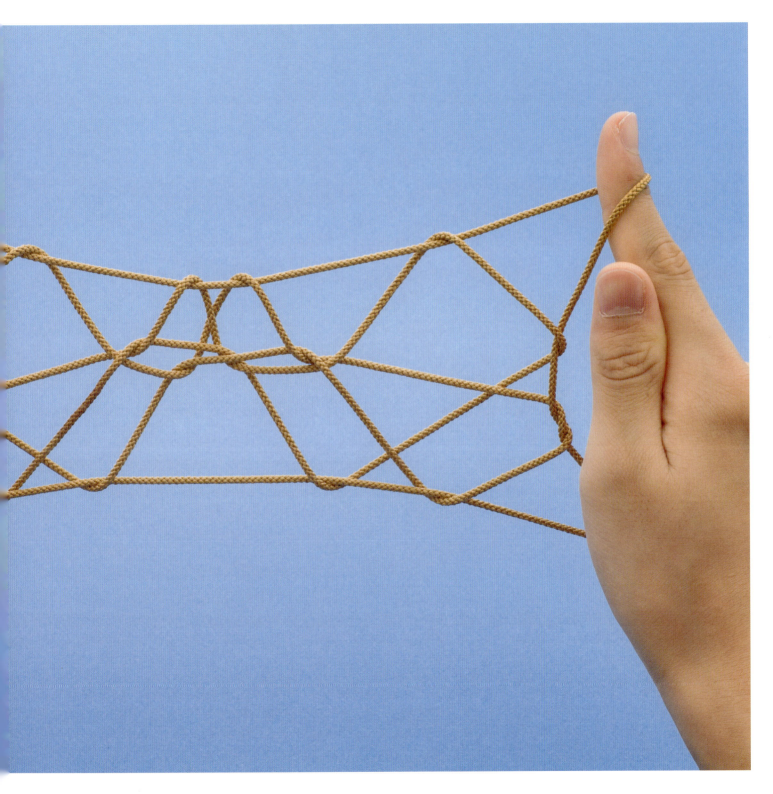

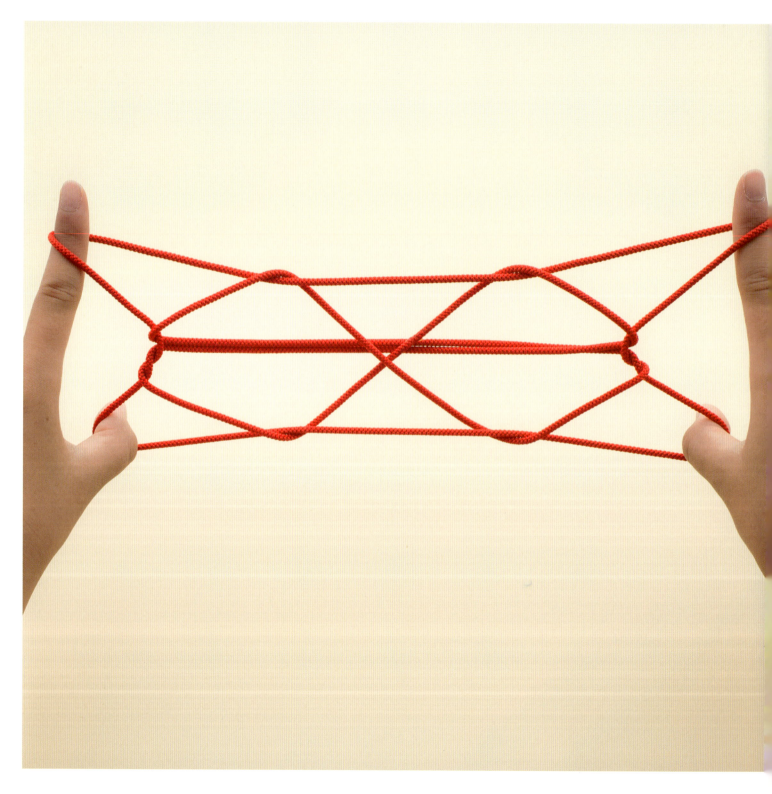

たきぎ運び
Carrying Wood

中央の2つのひし形が荷物を表し、横の直線はそれを縛るバンドを表しています。バンドでしっかり縛って運んでいたのでしょう。ハッドン博士が1901年にシカゴでナバホの老人から採集しました。

出典 = Carorine F. Jayne, *String Figures and How to Make Them*, 1906

[とり方 ▶ p.78]

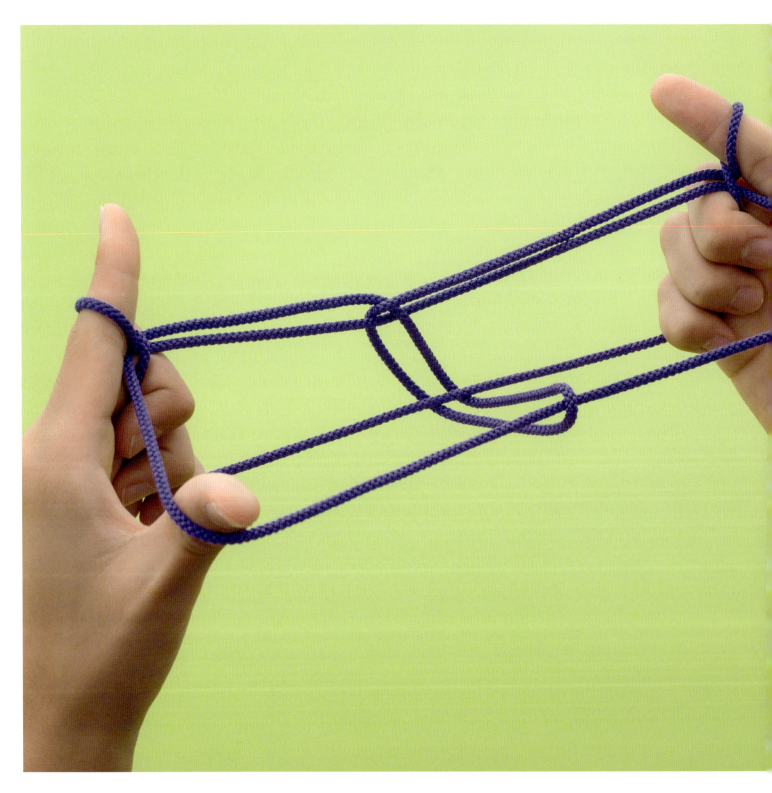

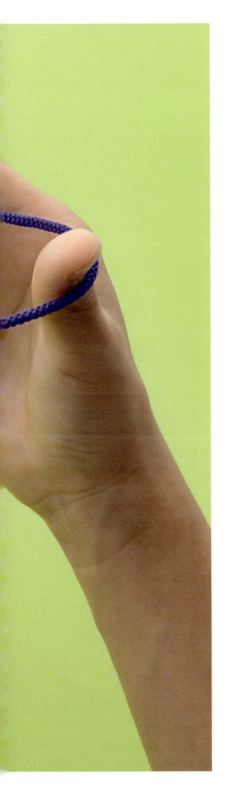

[とり方▶p.84]

毛虫
A Second Worm

日本ではじめてこのあやとりが紹介された時、完成形が毛虫に見えることから日本語名が「毛虫」と名づけられました。とり方はナバホ独特の変わったとり方をします。1904年のセントルイス万博でジェーン夫人がナバホの人から採集しました。

出典 = Carorine F. Jayne, *String Figures and How to Make Them*, 1906

ティーピー
An Apache Tee Pee

ニューメキシコ州北部に住むヘカレーヤ・アパッチの人々の伝統的な円錐形のテント型住居を表しています。1904年セントルイス万博でジェーン夫人がヘカレーヤ・アパッチの女性から採集しました。

出典 = Carorine F. Jayne, *String Figures and How to Make Them*, 1906

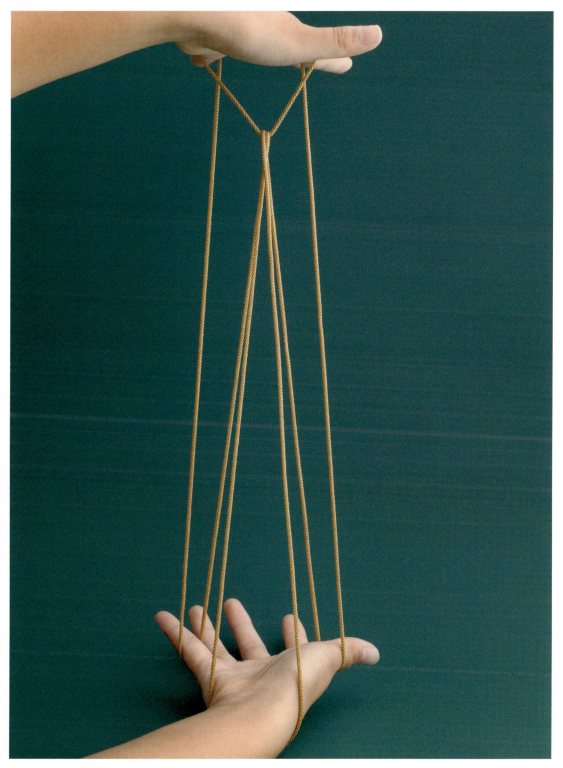

[とり方 ▶ p.80]

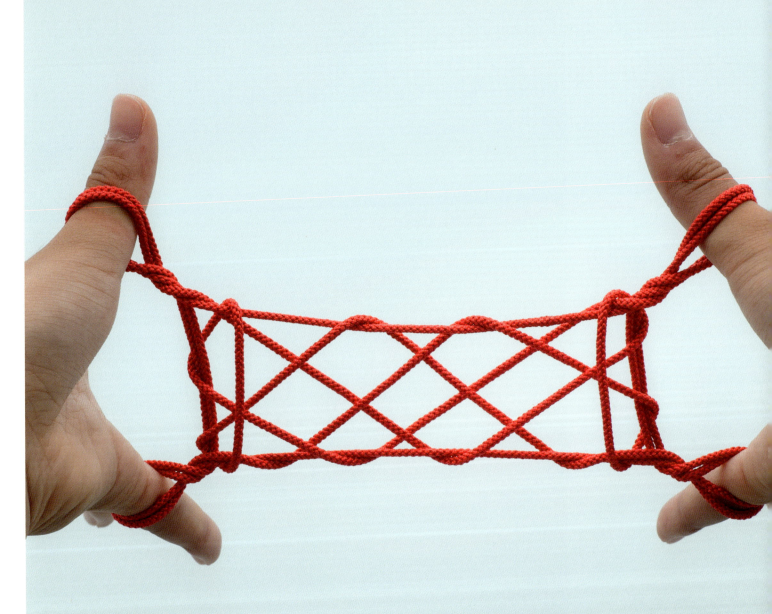

[とり方▶p.96]

テントの幕（ナバホの敷物）
An Apache Door

「ティーピー」(p. 34)の入り口に扉の代わりに掛けてある幕を表しています。これもジェーン夫人がヘカレーヤ・アパッチの女性から採集しました。ナバホにも同じ形のあやとりがあり、「ラグ（敷物）」と呼ばれています。

出典 = Carorine F. Jayne, *String Figures and How to Make Them*, Charles Scribner's Sons, 1906

うさぎ A Rabbit

現オレゴン州などに住む先住民クラマスの人々のあやとりです。2本の長い耳を持った「うさぎ」の後ろ姿を表しています。とり方は少し複雑ですが、最後に形を整えると可愛いうさぎになります。

出典 = Carorine F. Jayne, *String Figures and How to Make Them*, Charles Scribner's Sons, 1906

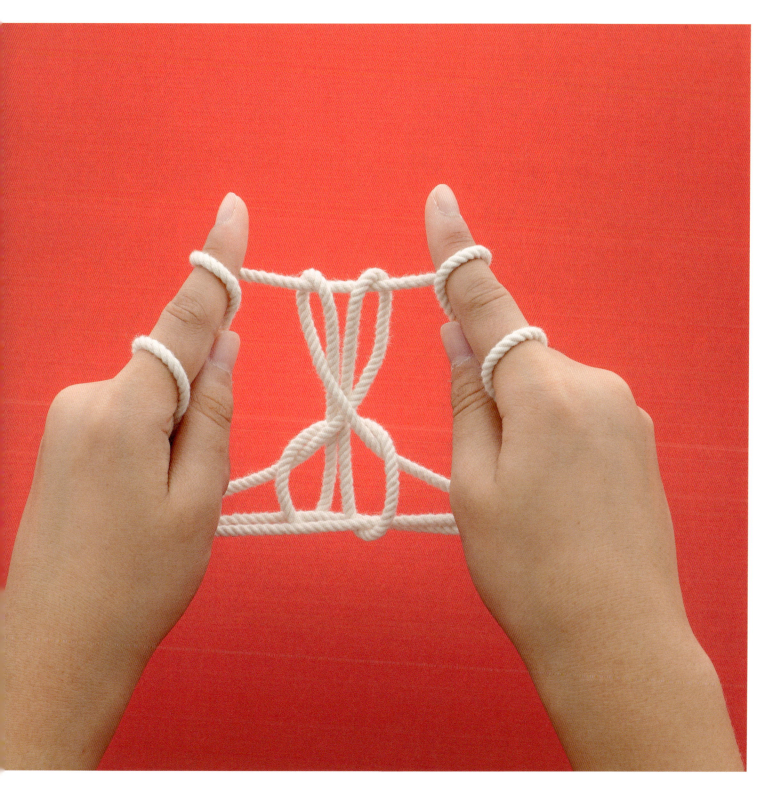

矢を取りっこする少年
Two Boys Fighting for An Arrow

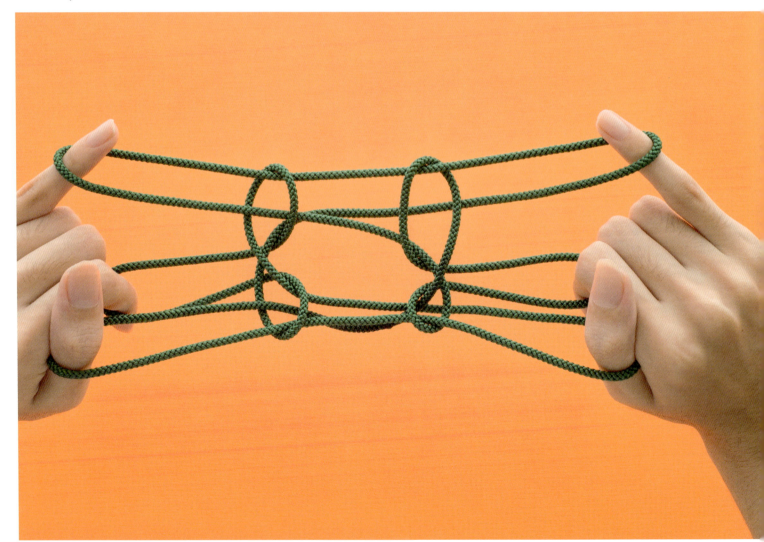

これもクラマスのあやとりです。2人の少年が矢を取りっこしている姿で、矢の代わりに細長い棒を使って捕まえたり外したりして遊びます。とり方は少し変わっています。

出典 = Carorine F. Jayne, *String Figures and How to Make Them*, Charles Scribner's Sons, 1906

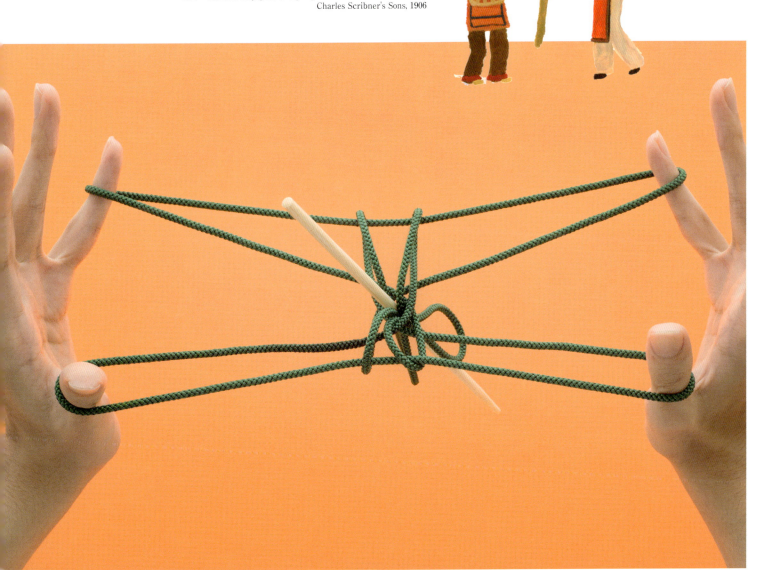

[とり方 ▶ p.100]

開拓地の家
A Brush House

現ニューメキシコ州などに住む先住民プエブロの人々が、その居留地に木の枝などで建てた住居を表しています。はじめはひとりでとりますが、途中からもうひとりの人が手伝って屋根を持ち上げます。最初は日本の「朝顔」のあやとりと同じとり方をします。

出典 = Carorine F. Jayne, *String Figures and How to Make Them*, Charles Scribner's Sons, 1906

六角星
A Six-Pointed Star

「開拓地の家」(p.42)から続けてとります。お手伝いの人は持っていたひもを放し、両手で別のひもをおさえると美しい六角形の星になります。星の美しく見える土地なので、たくさんの光の筋が見えたのでしょう。

出典 = Carorine F. Jayne, *String Figures and How to Make Them*, Charles Scribner's Sons, 1906

[とり方 ▶ p.105]

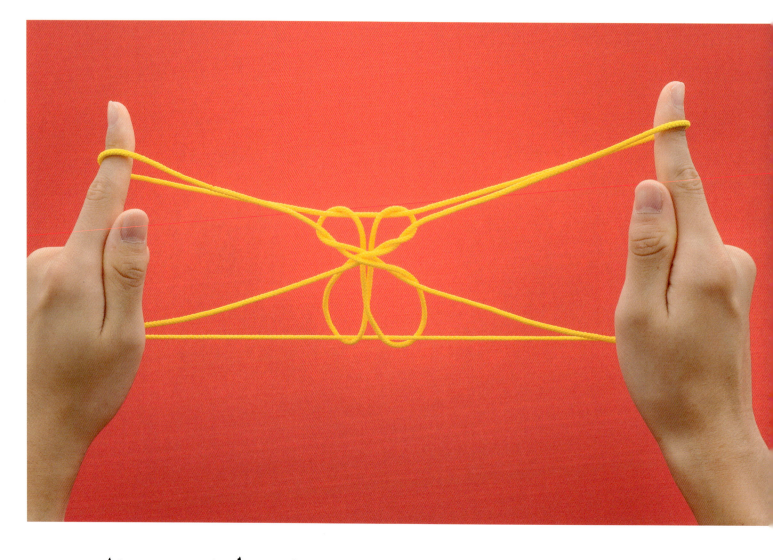

赤ん坊占い
Predicting the Sex of An Unborn Child

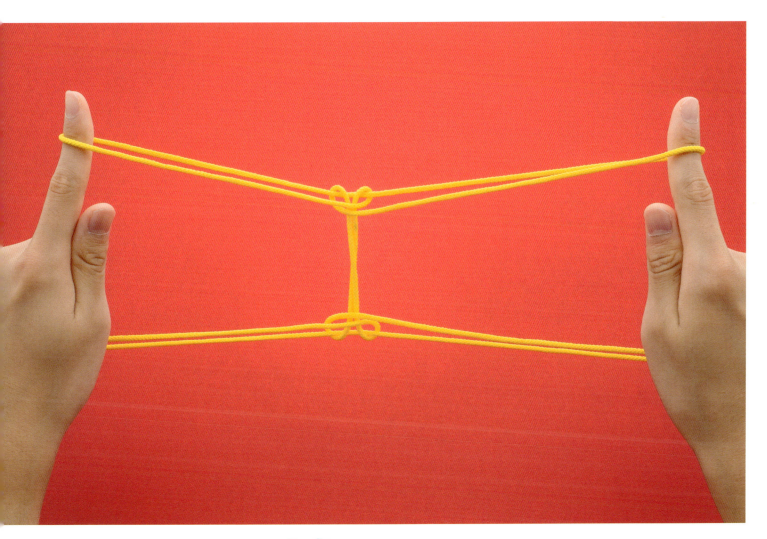

カリフォルニア州北西部に住む先住民ワイラキの人々のあやとりです。ワイラキでは、赤ん坊が生まれる前にあやとりで男の子（右）か女の子（左）かを占っていました。作っている途中に現れる2本のひものうち、どちらをとるかによってできあがりの形が変わってきます。

出典 = George M. Foster, Jr., *String-Figure Divination*, 1941

南アメリカ先住民のあやとり

南アメリカでは、F. E. ルッツが今から約100年前にガイアナでの調査を行って以来、この地域のあやとりはあまり採集されませんでした。しかし、近年国際あやとり協会のW. ウイルトなどにより、ブラジルやペルーなどの部族から独自のあやとりが採集されています。

オウム
Parrot

[とり方 ▶ p.86]

ガイアナのパタモナ族の少年から採集されたあやとりです。右手の輪を下へ引いた状態が「留まっているオウム」(右)、左手の親指と小指をさっと広げると「飛び立つオウム」(左)になります。

出典 = Frank E. Lutz, *String-Figures from the Patomana Indians of British Guiana*, 1912

魚のわな (メガホン)
Fish Trap (Megaphone)

このあやとりもパタモナ族の少年から採集されたあやとりです。魚を捕獲するために川に仕掛けたわなを表しています。その形から「メガホン」と呼ぶこともあります。

String Figure Magazine, vol.3, ISFA Press

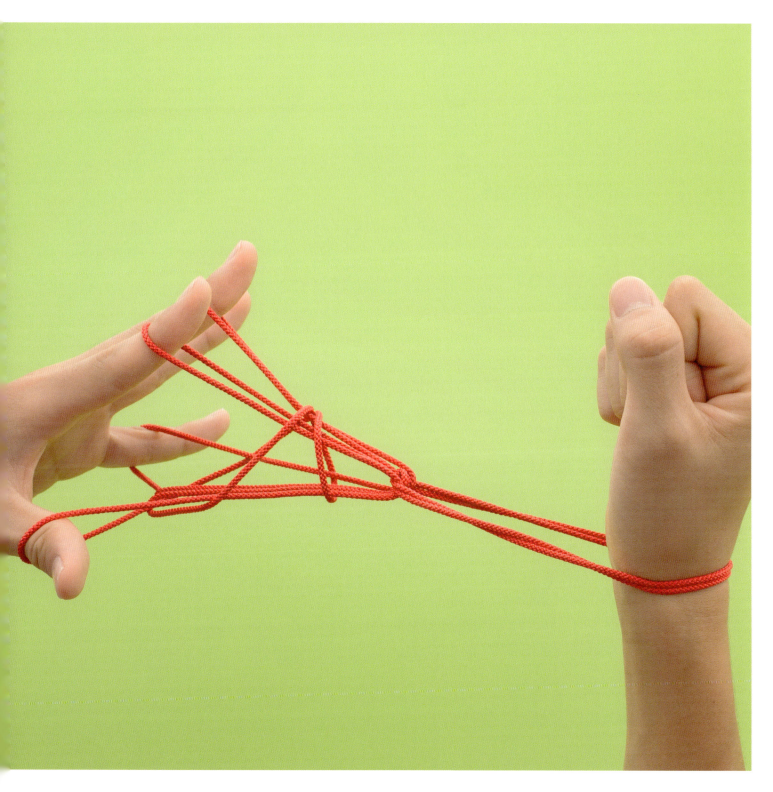

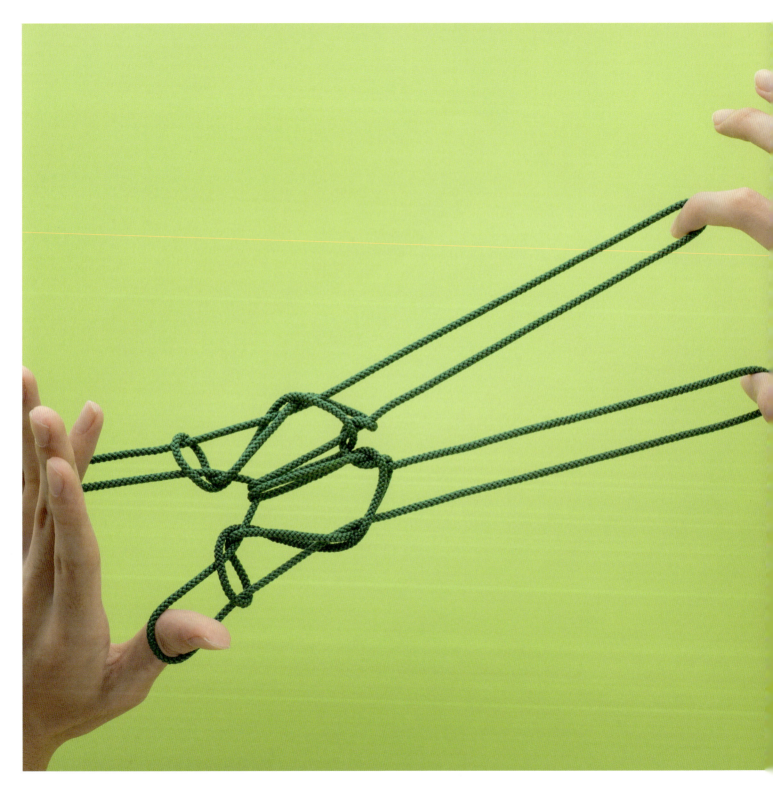

ヒキガエル Toad

今にも飛び跳ねそうなカエルの様子を表しています。英語ではカエルは、「Toad(ヒキガエル)」と「Frog(アマガエル)」に大別されますが、これは「Toad」の方です。ガイアナのパタモナ族の少年から採集されたあやとりです。

出典 = Frank E. Lutz, *String-Figures from the Patomana Indians of British Guiana*, 1912

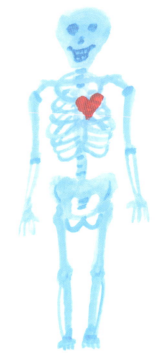

骨・魂・霊
Skeleton, Spirit, Ghost

ガイアナのあやとりです。題名からして人の死後の世界を表しているのでしょうか。このあやとりの中に、「骨・魂・霊」を表していると言われていますが、みなさん分かるでしょうか？

出典 = W. E. Roth, *String Figures, Tricks, and Pazlles of the Guiana Island*, 1924

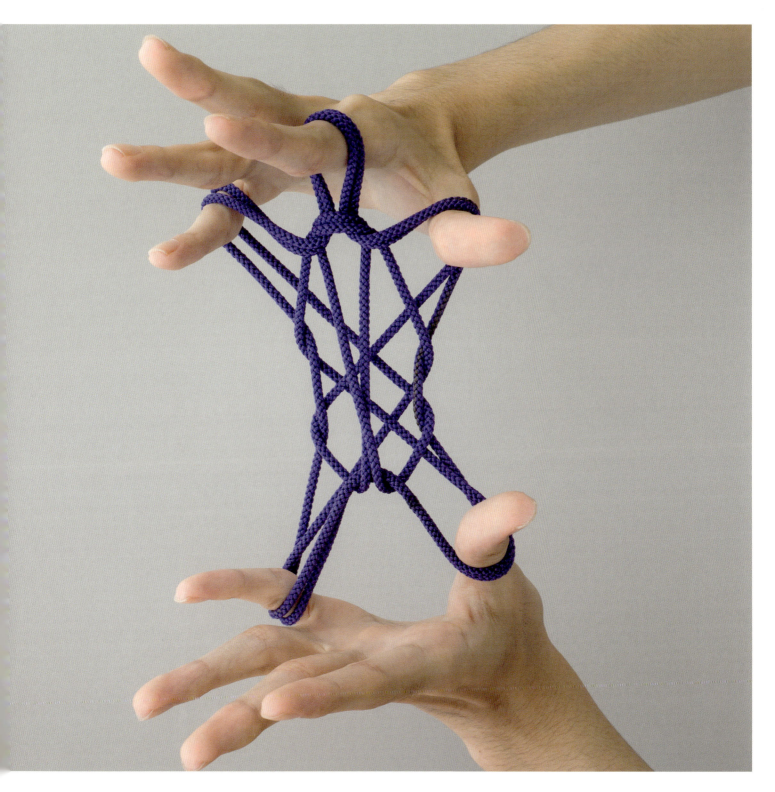

足跡 Footprint

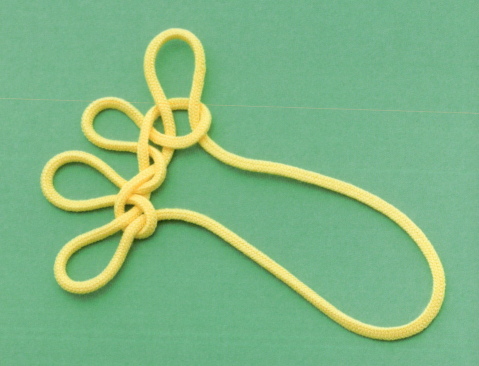

ボリビアの森林地帯のあやとりです。動物の「足跡(あしあと)」でしょうか。ひもを二重にしたり、短いひもを使っても簡単(かんたん)に作れます。完成形を手から外して平らなところに並(なら)べてみると面白いですね。

出典 = *String Figure Magazine*, ISFA Press

[とり方▶p.82]

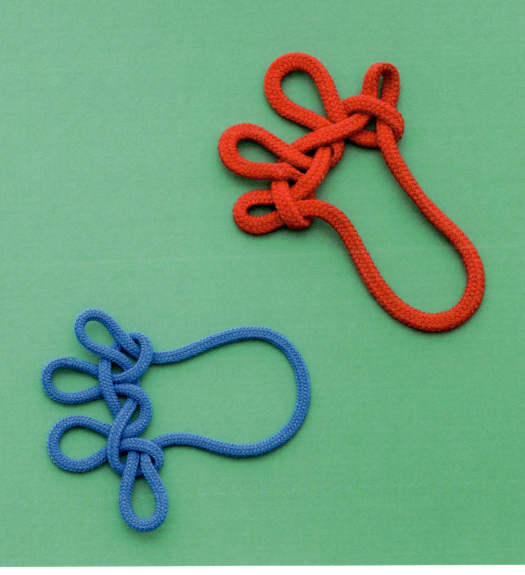

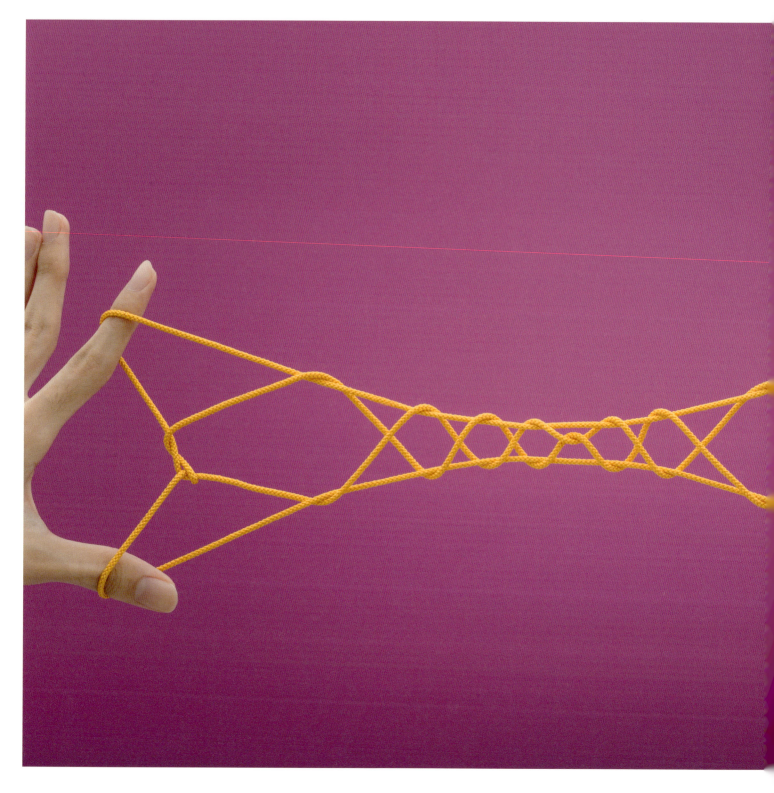

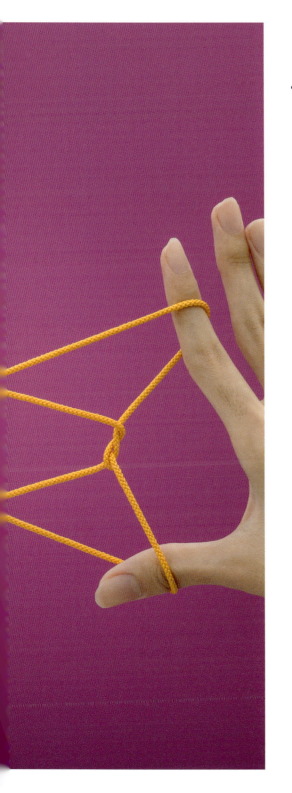

7つのダイヤモンド
Seven Diamonds

ペルーの子どもから採集された、完成形のとても美しいあやとりです。ペルーやブラジルのあやとりは、近年国際あやとり協会の人々が採集しました。

出典 = *String Figure Magazine*, ISFA Press

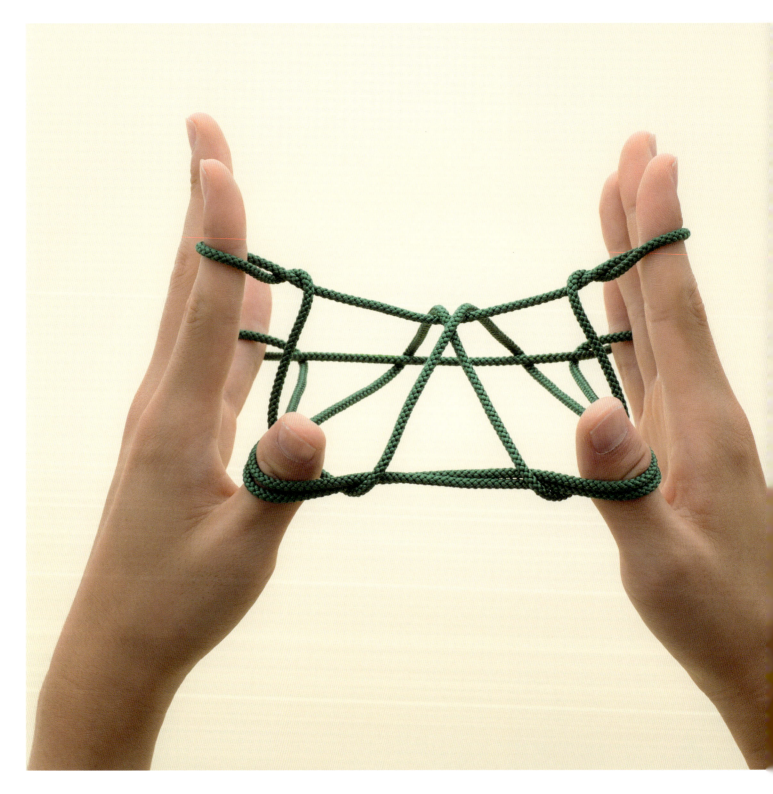

チャマの家
Peruvian House

ペルーのあやとりです。大きな屋根と三角柱が立体的な、チャマ族の人々の住居(じゅうきょ)を表しています。

出典 = *String Figure Magazine*, ISFA Press

こうもりの群れ
Bats

ブラジル中央部に暮らすカラジャ族の人々のあやとりです。
こうもりが連なってぶら下がっている様子が描かれています。
右人さし指を外すと、こうもりは次々と飛び立っていきます。

出典 = *String Figure Magazine*, ISFA Press

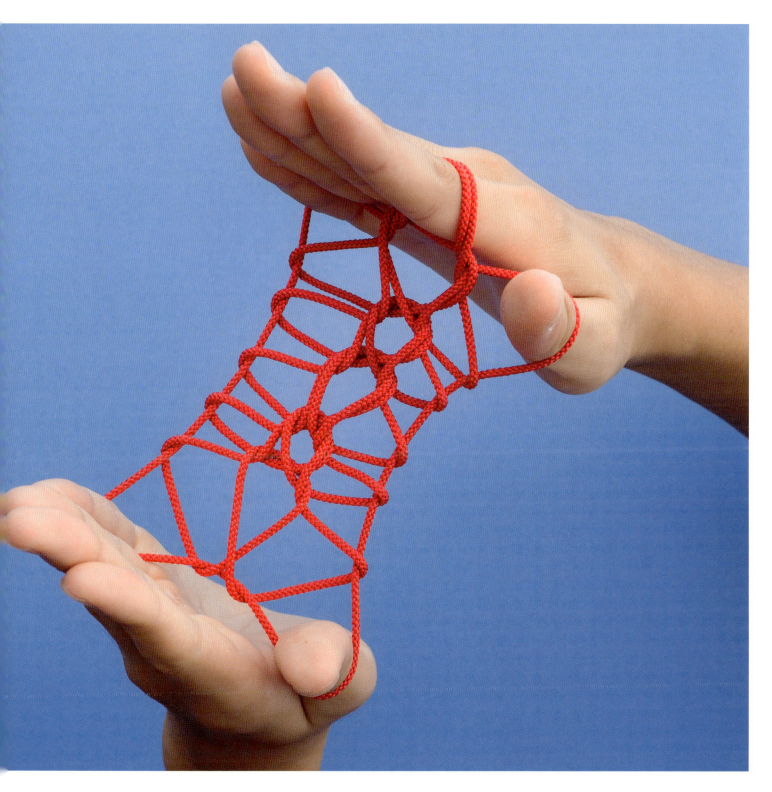

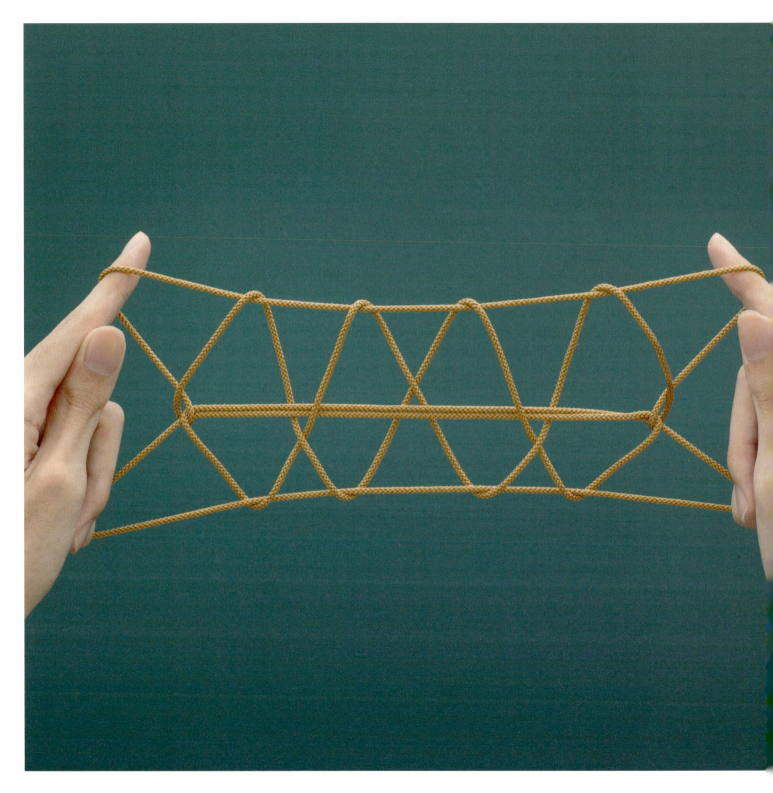

メクラヘビ
The Blind-snake

これもカラジャの人々のあやとりです。「メクラヘビ」は地中でアリなどを食べています。最大でも体長20センチ以下のミミズのようなヘビです。三角形はヘビのうろこを表しているようですね。

出典 = *String Figure Magazine*, ISFA Press

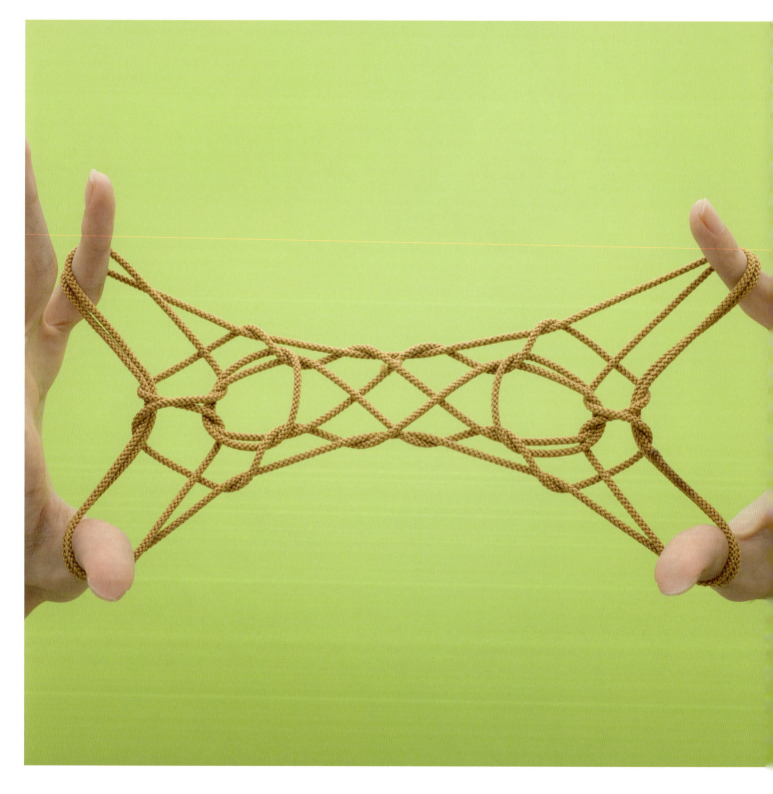

メクラヘビの目
Eyes of Blind-snake

ヘビの目はまぶた代わりに透明なうろこで覆われており、常に目は開いているように見えます。このあやとりはメクラヘビの顔を正面から見た様子で、両側の2つの丸い形が目を表しています。

出典 = *String Figure Magazine,* ISFA Press

スカンク Skunk

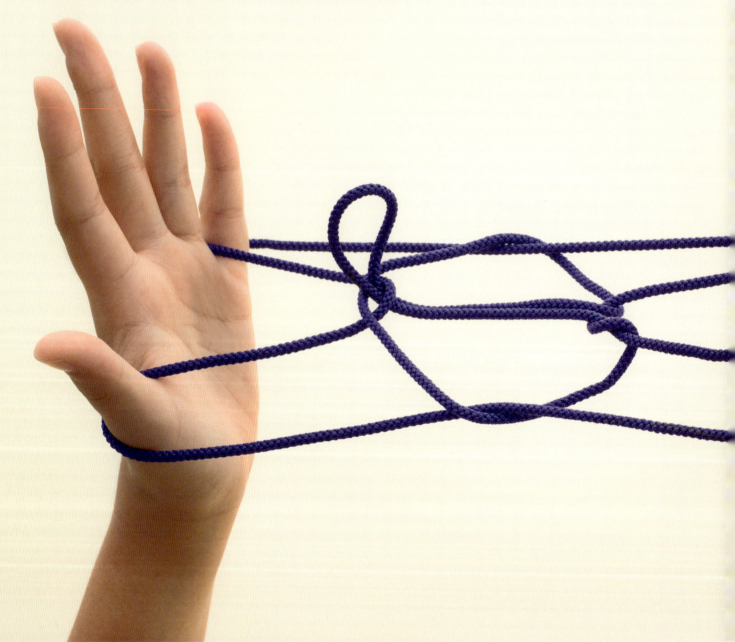

アルゼンチン、パタゴニア地方のあやとりです。尻尾が立っていてかわいらしい「スカンク」ができました。

出典 = *String Figure Magazine*, ISFA Press

火山
Erupting Volcano

アルゼンチン、パタゴニア地方のあやとりです。火口から噴煙が上っている立体的な「火山」が現れました。

出典 = *String Figure Magazine*, ISFA Press

[とり方 ▶ p.106]

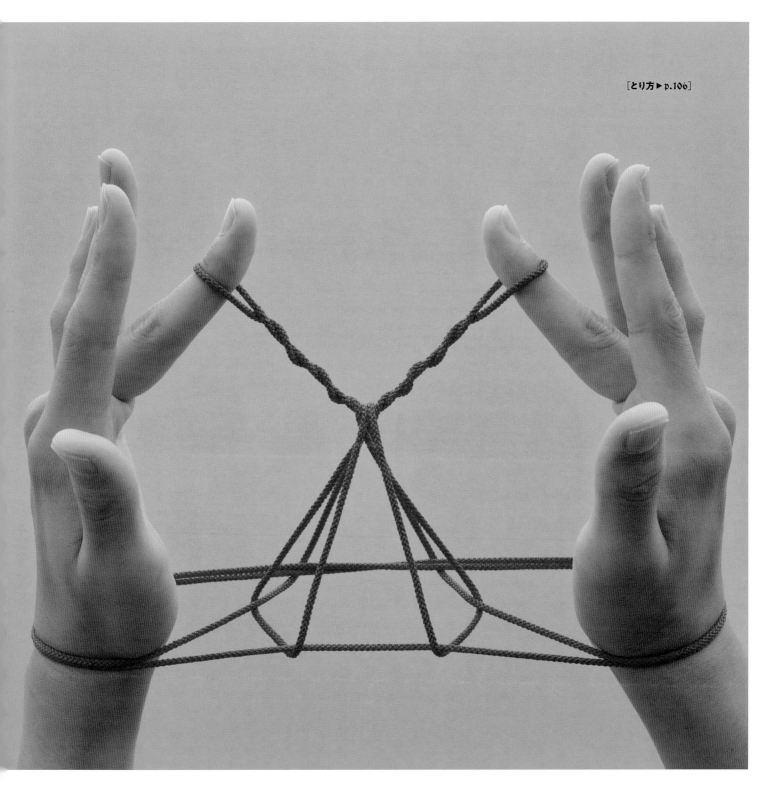

コラム❶
「ティーピー」のあやとり [p.34]

　ティーピー（「Tipi」または「Teepee」）とは、アメリカ先住民のうち、ニューメキシコ州北部に住むヘカレーヤ・アパッチの人々などが住んでいた簡単な円錐形の住居のことを言います。彼らは夏の間はこのティーピーに住んで移動しながら狩猟を行い、冬には「冬の村」と呼ばれる雪のない地方の集落で生活をしていたようです。

　ティーピーはひとりまたは2人用の小さいものから、数世帯が居住できる大きなものまであり、中で火を焚くことができたのだそうです。ですから、ティーピーのあやとりの完成形を見ても分かるように、できるだけ高くなるのが理想的です。

　また、ほとんどの場合、入り口は太陽の登る東向きに建てられており、その入り口には、扉の代わりに織物の幕がかけてありました。このティーピーの入り口にかけられた幕を表したあやとりが「テントの幕」（p.36）です。

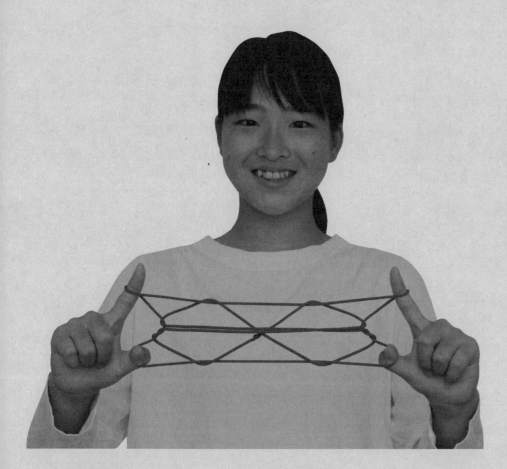

第2章
とってみよう

ここでは、1章で紹介した南北アメリカのあやとりの中から、12のあやとりのとり方を説明します。日本のあやとりとは違ったはじめ方をするものもあるので、まずは「とり方の基本」のページをよく読んで、初級、中級、上級とレベルアップしていきましょう。

あやとりの基本

あやとりひもについて

ひもの種類と選び方

暮らしの中にある、身近なひもを使って、手軽に楽しむことができるのが、あやとりの大きな特徴です。

素材――家にある、タコ糸や太めのひもなどを、輪にして楽しみましょう。おすすめは、太さ2〜3mmのナイロンなどの化繊のひもや、綿のひもなどで、100円ショップや手芸店で購入できるものもあります。値段が高く手に入りにくい欠点がありますが、絹のひもはとりやすく形もきれいにできます。

長さ――ひもの長さは、とりたいあやとりに合わせて用意するのが理想的です。本書でとり方を紹介しているあやとりに関しては、おすすめの長さと素材を掲載しているので参考にしてください。

ひもを輪にする方法

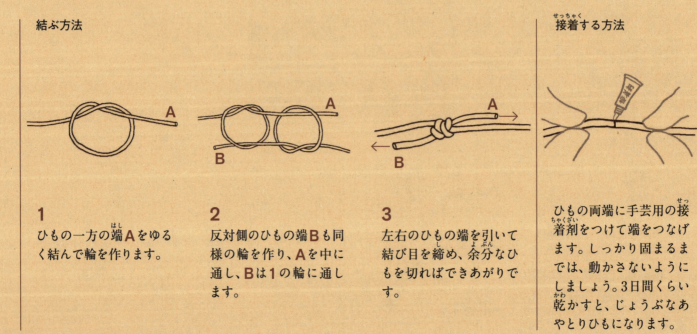

結ぶ方法

1 ひもの一方の端Aをゆるく結んで輪を作ります。

2 反対側のひもの端Bも同様の輪を作り、Aを中に通し、Bは1の輪に通します。

3 左右のひもの端を引いて結び目を締め、余分なひもを切ればできあがりです。

接着する方法

ひもの両端に手芸用の接着剤をつけて端をつなげます。しっかり固まるまでは、動かさないようにしましょう。3日間くらい乾かすと、じょうぶなあやとりひもになります。

ひものとり方と指の動かし方

あやとりでは、同じ位置のひもを同じ指でとっても、「下からとる」「上からとる」という指示でとり方がちがってきます。

下からとる

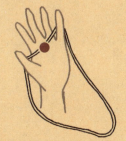

1 とるひも●の下から指を入れます。

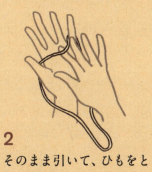

2 そのまま引いて、ひもをとります。

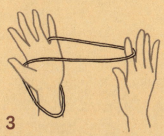

3 下からとったところです。

上からとる

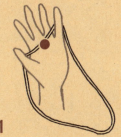

1 とるひも●の上から指を入れます。

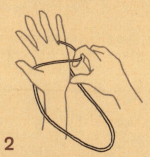

2 そのまま引いて、ひもをとります。

3 上からとったところです。

方向とひもの呼び方

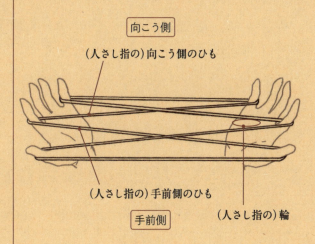

- 向こう側
- （人さし指の）向こう側のひも
- （人さし指の）手前側のひも
- 手前側
- （人さし指の）輪

本書でのマークの意味

- ●○…とるひも、または目安になるひも
- ▼▽▲△…指を入れるところ
- ■□…はずすひも
- ◉◎…おさえるひも、または絨すひも
- ◆◇…ナバホどり（p.77参照）

基本のかまえ

いろいろなあやとりに共通する、はじめの形があるので覚えておきましょう。基本は3種類です。本書では、これらの「かまえ」は、手順をはぶいています。

はじめのかまえ

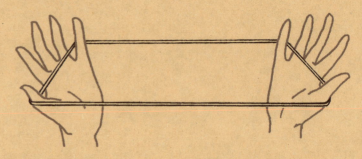

両手の親指と小指にひもをかけて、両手を向かい合わせた形が「はじめのかまえ」になります。

人さし指のかまえ

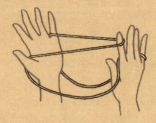

1 はじめのかまえから、右の人さし指で左の手のひらのひもを下からとります。

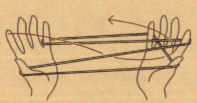

2 とったところ。左の人さし指で、右の人さし指の前を通るひもを下からとります。

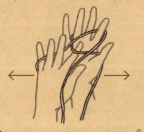

3 とっているところ。そのまま両手を左右に開きます。

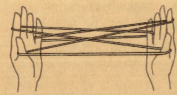

4 この形が「人さし指のかまえ」になります。オセアニアのあやとりに多く使われるかまえです。

中指のかまえ

1 はじめのかまえから、中指で、「人さし指のかまえ」と同じ様にひもをとります。

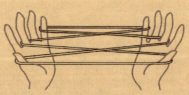

2 この形が「中指のかまえ」になります。

特徴的なとり方

ナバホどり　1本の指に2本以上のひもがかかっているときに、◇のひもを外さずに、◆のひもだけを外すとり方です。アメリカ南西部の先住民ナバホ族のあやとりに多く使われていることから名づけられました。

はじめのうちは……

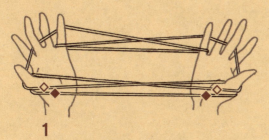

1
左を外すときは右手で◆をもち、◇を越すようにして外します。

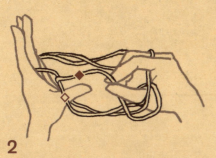

2
右側は手をかえて、同様に行います。

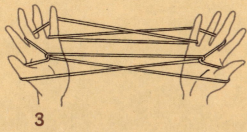

3
左右とも外した形です。

慣れてきたら……

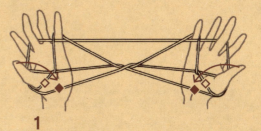

1
親指で前を通るひも◇をおさえます。

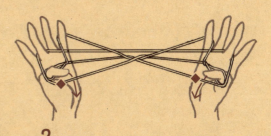

2
外側のひも◆が外れるように、親指を下げます。

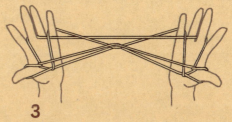

3
親指を戻すと、外した形になります。

両手をひねると形が現れる！
たきぎ運び ▶ p.30
Carrying Wood

とりやすいひも ● 素材：アクリル・綿　長さ：160〜180cm

初級

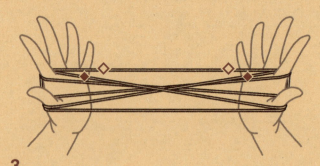

3
人さし指のひもをナバホどり（p.77）します。◇の外側から、◆を外しましょう。

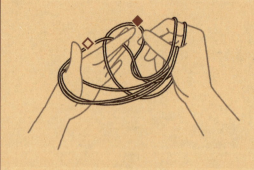

ナバホどりをしているところ。

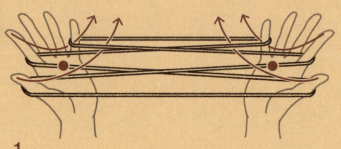

1
人さし指のかまえ（p.76）からはじめます。親指と人さし指で、小指の手前側のひも●を、下からとります。

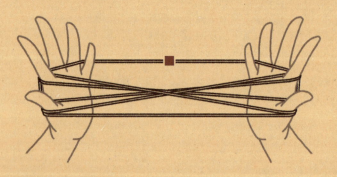

2
小指のひも■を外します。

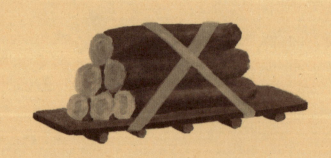

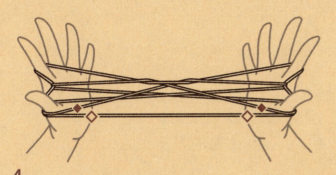

4
親指のひもをナバホどり (p.77) します。◇を外さずに、◆を外しましょう。

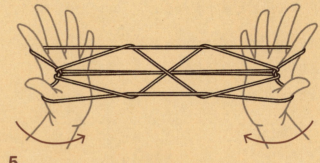

5
手のひらを向こう側に向けると……、「たきぎ運び」のできあがりです。

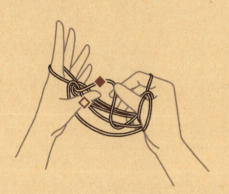

ナバホどりをしているところ。

できあがり

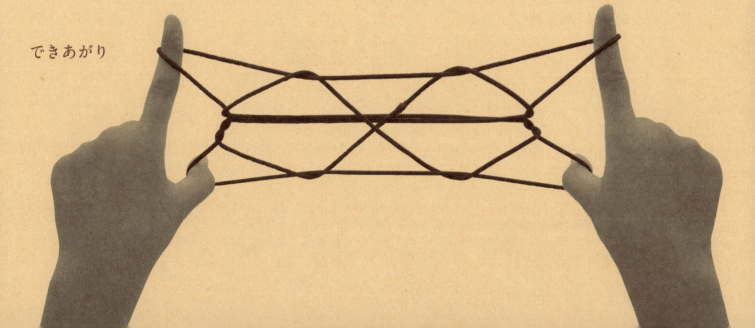

たてに開くと家が現れる！
ティーピー ▶ p.34
An Apache Tee Pee

とりやすいひも ● 素材：アクリル・綿　長さ：160〜180cm

初級

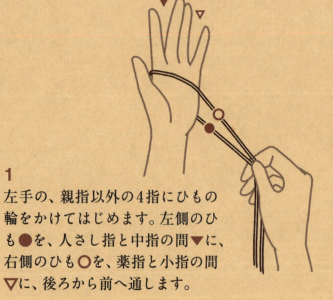

1
左手の、親指以外の4指にひもの輪をかけてはじめます。左側のひも●を、人さし指と中指の間▼に、右側のひも○を、薬指と小指の間▽に、後ろから前へ通します。

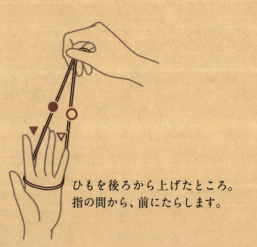

ひもを後ろから上げたところ。指の間から、前にたらします。

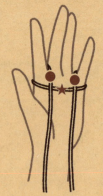

2
1でたらしたひも2本●を、★の下に通します。

右人さし指を、横に通るひも★の下から入れて、●をひっかけて通すとよいでしょう。

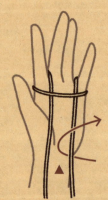

3
右手を、たれた輪▲に下から入れて、●を右手首にかけます。

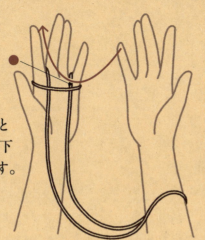

4
右手小指を、左薬指と小指の間のひも●の下に、外側から入れます。

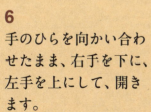

5
右手親指を、左人さし指と中指の間のひも●の下に、手前側から入れます。

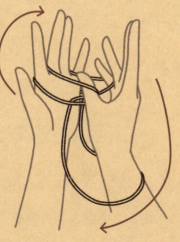

6
手のひらを向かい合わせたまま、右手を下に、左手を上にして、開きます。

7
細長いテントのような「ティーピー」のできあがり。

できあがり

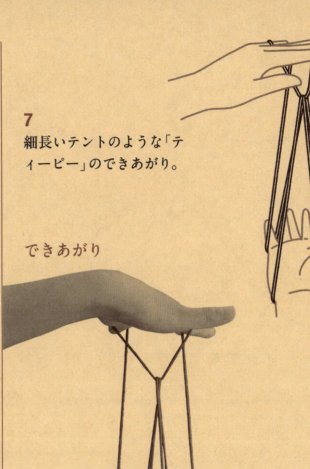

いろんなひもで作りたくなる
足跡 ▶ p.56
Footprint

とりやすいひも ●素材：綿・アクリル　長さ：60〜100cm（長い場合は輪を二重にしてとりましょう）

初級

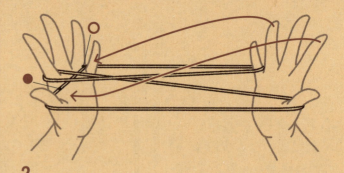

2
右人さし指で、手のひらの親指側を通るひも●を、右薬指で、手のひらの小指側を通るひも○を、それぞれとります。

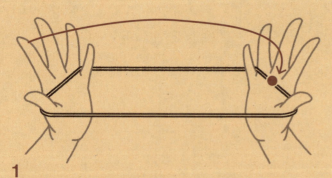

1
はじめのかまえ（p.76）からはじめます。左ひとさし指で、右手のひらを通るひも●を上からとり、指先を向こう・上とひねりながら、両手を左右に開きます。

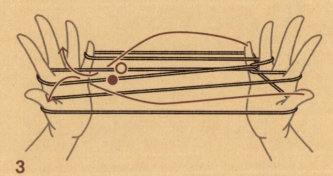

3
右親指で、左人さし指の手前側のひも●を、右小指で、左人さし指の向こう側のひも○を、それぞれ下からとります。

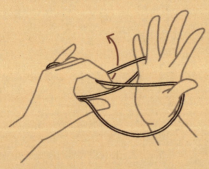

左人さし指をひも●に上から入れたところ。そのまま向こう側にひねります。

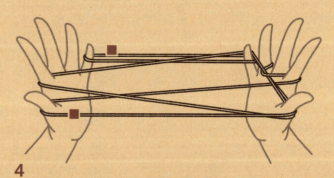

4
左親指と小指のひも■を、外します。

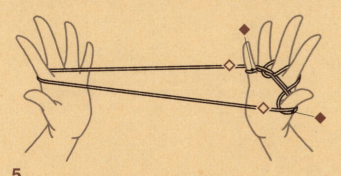

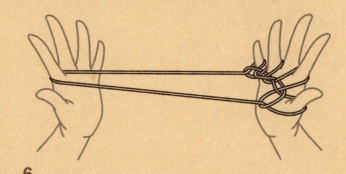

5
右親指と小指のひもを、それぞれナバホどり (p.77) します。◇の外側から、◆を外しましょう。

6
ひもの形がくずれないようにそうっと外し、平らなところへ置けば、「足跡」のできあがりです。

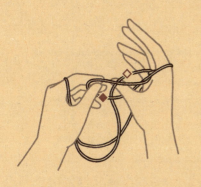

が外れないように、反対の手で◆を外しましょう。

できあがり
ひもの長さ、太さ、色をかえて、いろんな「足跡」を作ってみるとよいでしょう。

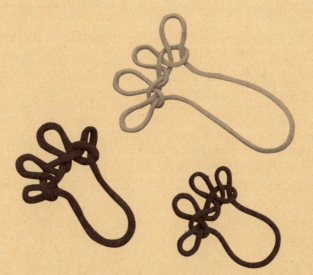

口が活躍するあやとり
毛虫 ▶ p.32
A Second Worm

とりやすいひも ●素材：アクリル・綿　長さ：160〜180cm

初級

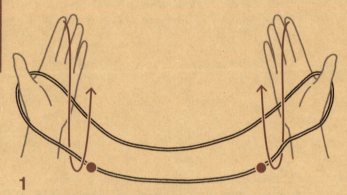

1
両手の親指に、ねじれないようにひもをかけます。人さし指で、親指の手前側のひも●を下からとります。

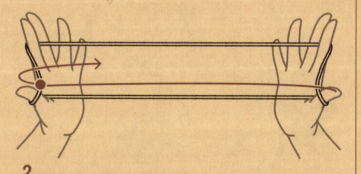

2
右親指で、左親指の腹を通るひも●を、下からとります。

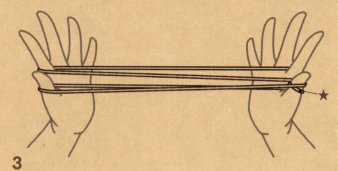

3
右親指の下のひも★を、左手で外し、そのまま口にくわえます。2でとったひもは外れないようにしましょう。

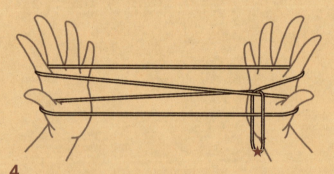

4
ひも★をくわえたまま、左へずらして、中央あたりにもっていきます。

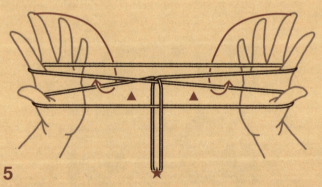

5
中指・薬指・小指を、親指の輪▲に下から入れます。

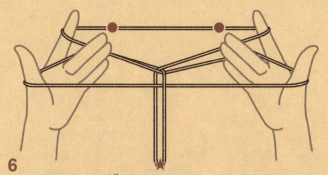

6
5の3本の指の背で、親指向こう側のひもと、人さし指手前のひもを、向こうへおしつけながら、人さし指向こう側のひも●の下から指先を出します。

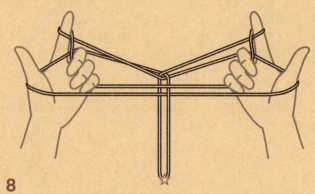

8
くわえていたひも☆をはなし、両手を左右に開くと……

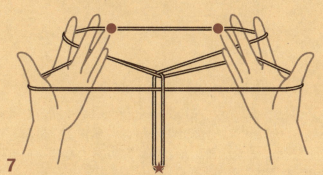

7
そのまま、3本の指で●をにぎります。

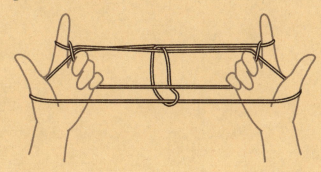

9
「毛虫」のできあがりです。

できあがり

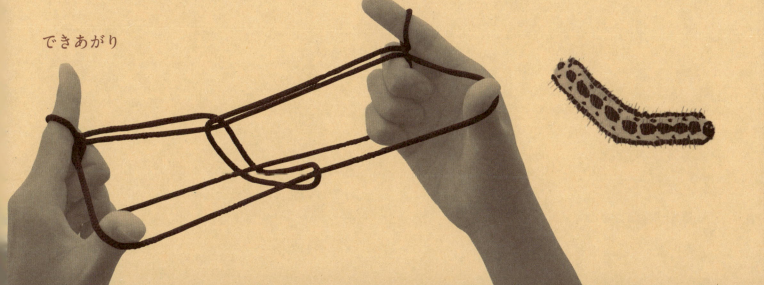

図を見るだけで、作れます
オウム ▶p.48
Parrot

とりやすいひも●素材：アクリル・綿　長さ：120〜180cm

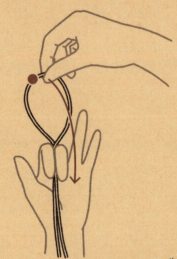

1
ひもの輪を、左の人さし指と中指の背ではさんだところからはじめます。右手で輪●を手前側におろして、はさんだ指に通します。

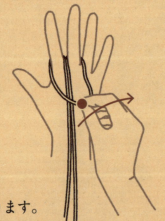

2
輪●を、右側にひねります。

3
2でできた小さな輪●を、左人さし指と中指にかけます。

4
左の人さし指と中指の間のひも2本を輪から引き出し、親指と小指に、それぞれ1本ずつかけます。

5
3でかけたひも■を、手のひら側に戻します。

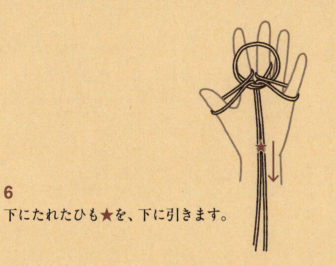

6
下にたれたひも★を、下に引きます。

7
「オウム」のできあがり。

できあがり

[遊び方] 右手で、たれたひもを下に引いたり戻したりしながら、左手の指を閉じたり開いたりすると、「オウム」のつばさが動きます。

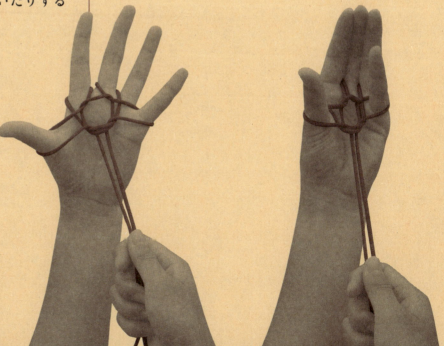

最後の形の現れ方がおもしろい

稲妻 ▶ p.22
Lightning

とりやすいひも ●素材：アクリル・綿　長さ：180～200cm

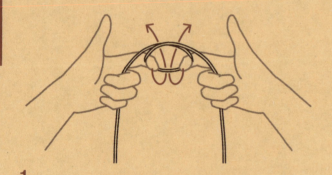

1
ひもを持ち、右側が手前になるように輪を作り、向こう側から人さし指を入れます。人さし指を、下・向こう側・上とひねって輪をとり、両手を少し左右に開きます。

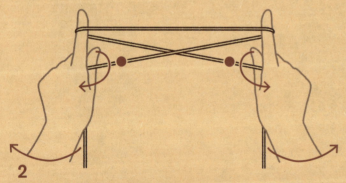

2
親指を、人さし指から斜め下にのびているひも●の向こう側にあて、手前に開きながらとります。

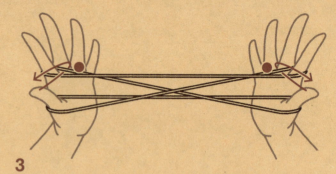

3
親指で、人さし指の向こう側のひも●を、下からとります。

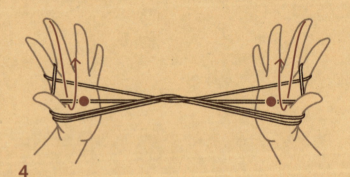

4
中指で、親指の向こう側のひも●を、下からとります。

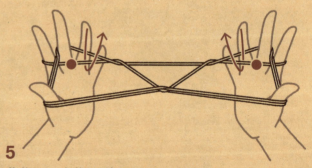

5
薬指で、中指の前を通るひも●を、下からとります。

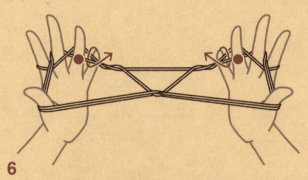

6
小指で、薬指の前を通るひも●を、下からとります。

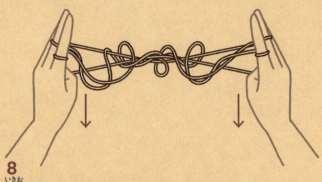

8
勢いよく親指を下げながら、手のひらを向こう側に向けると、「稲妻」が現れます。

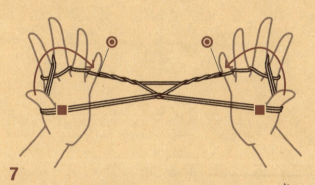

7
親指で、小指の前のひも◉を、上から軽く押さえます。自然に親指の２本のひも■が外れます。

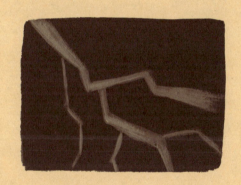

できあがり

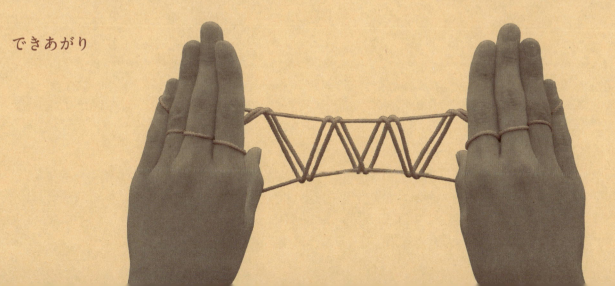

ひもをとるときのルートが大事

たくさんの星 ▶ p.16
Many Stars

とりやすいひも ●素材：アクリル・綿　長さ：180〜200cm

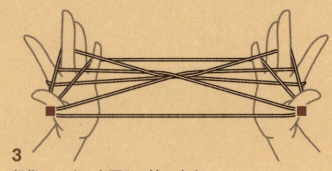

3
親指のひも2本■を、外します。

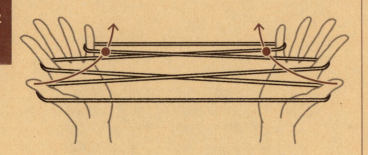

1
人さし指のかまえ（p.76）からはじめます。親指で、小指の手前側のひも●を、下からとります。

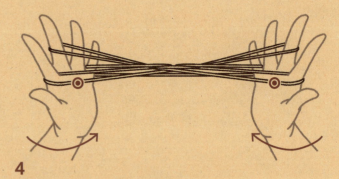

4
親指で、人さし指手前側のひも◉を、上からおさえて輪を広げ、手のひらを向こうへ向けます。

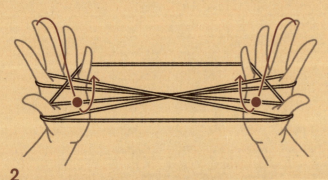

2
中指で、親指の向こう側のひも●を、下からとります。

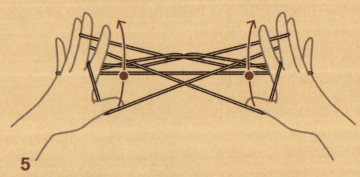

5
広げた輪の間から、小指の向こう側のひも●を、下からとります。4でおさえたひもは、自然に外れます。

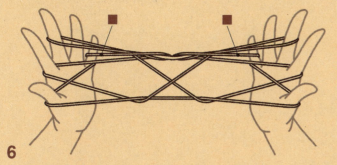

6
小指のひも■を、外します。

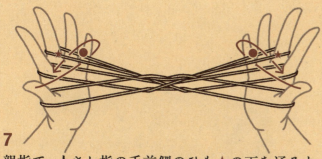

7
親指で、人さし指の手前側のひも★の下を通るように、人さし指の向こう側のひも●を、下からとります。

★の手前の3本をおさえて、手のひらを向こう側に向けると、●がとりやすくなります。

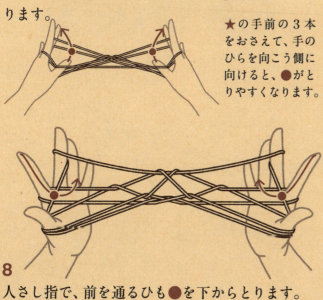

8
人さし指で、前を通るひも●を下からとります。

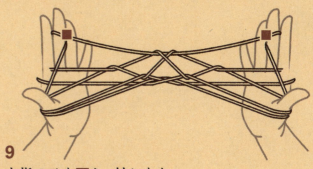

9
中指のひも■を、外します。

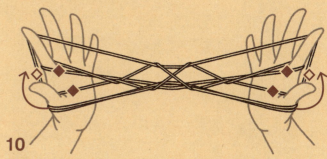

10
親指と人さし指のひもをナバホどり（p.77）します。◇の外側から、親指だけ、人さし指だけにかかっているひも◆を外しましょう。

反対の手で、親指だけにかかっているひもを外します。右の親指や人さし指も、同じように外します。

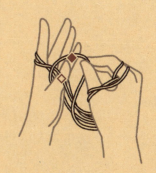

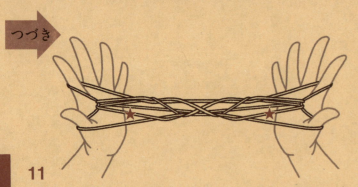

11
親指と中指で、親指の前を通るひも★を、下からつまみます。

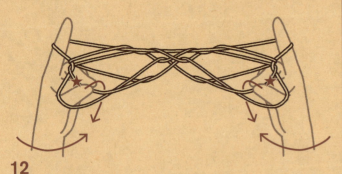

12
つまんだひも★を下に引き出すようにして、親指でとり、手のひらを向こう側に向けます。

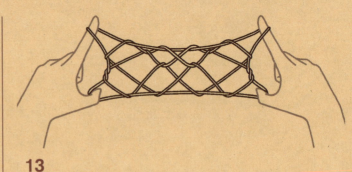

13
親指と人さし指を上下に開いたら、「たくさんの星」のできあがり。

できあがり

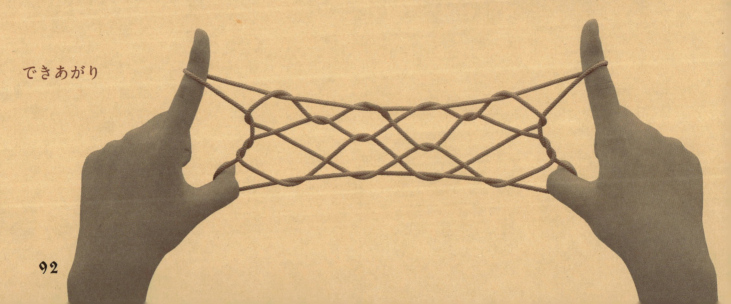

ねじった部分が蜜を吸うところに！
ナバホの蝶 ▶ p.26
Butterfly

とりやすいひも ●素材：アクリル・綿　長さ：180〜200cm

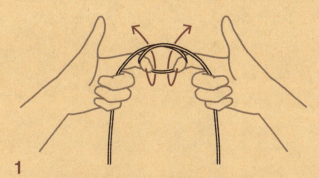

1
ひもを持ち、右側が手前になるように輪を作り、向こう側から人さし指を入れます。人さし指を、下・向こう側・上とひねって輪をとり、両手を少し左右に開きます。

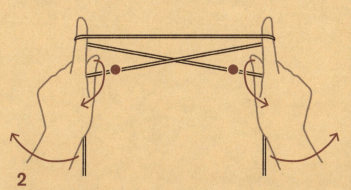

2
親指を、人さし指から斜め下にのびているひも●の向こう側にあて、手前に開きながらとります。

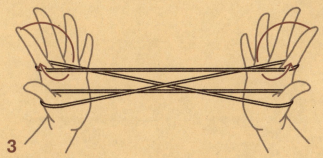

3
人さし指を、向こう・下・手前・上と回して、ひもをねじります。

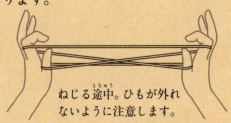

ねじる途中。ひもが外れないように注意します。

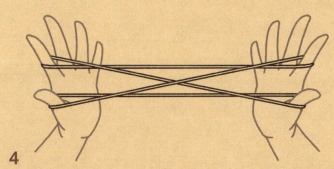

4
3と同じようにして、全部で3〜5回ねじります。

つづく

つづき

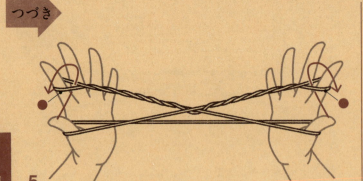

5 親指で、人さし指の手前のひも●を、下からとります。

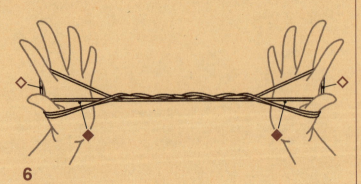

6 親指のひもをナバホどり（p.77）します。◇の外側から、親指だけにかかっているひも◆を外しましょう。

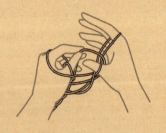

外しているところ。

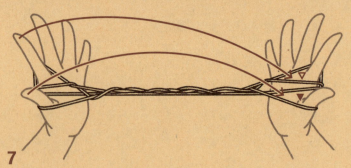

7 左の親指と人さし指を、それぞれ右の親指の輪▼と人さし指の輪▽に上から入れ、そのまま右手のひもを左手に移しかえます。

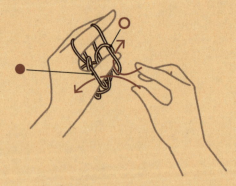

8 右親指と人さし指を、左親指の2本のひもの間に入れ、そのまま指を開くようにしながら、親指で●を、人さし指で○を、移しとります。

9 右手の親指と人さし指で、左人さし指のひも●をつまみ、人さし指から抜きます。

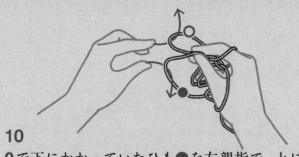

10
9で下にかかっていたひも●を左親指で、上にかかっていたひも○を左人さし指で、8と同じように、間から開くようにしてとります。

指を入れたところ。右手は外し、両手を少し開きます。

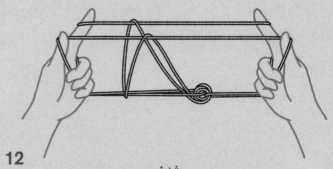

12
形を整えると、「ナバホの蝶」のできあがり。

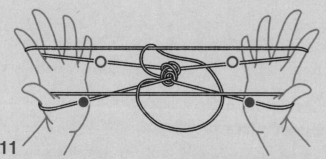

11
中指・薬指・小指で、人さし指の向こう側のひも○と、親指の手前のひも●を、いっしょににぎります。

できあがり　[遊び方]親指と人さし指を、閉じたり開いたりすると、蝶の羽がパタパタとはばたきます。

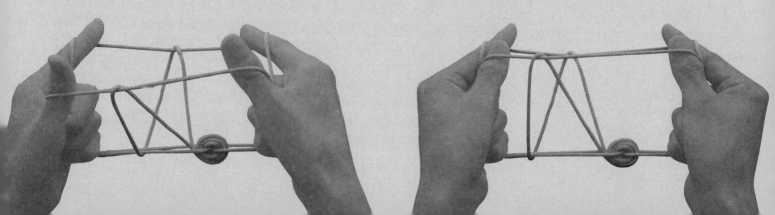

手品のように、パッときれいな形が現れる
テントの幕 (ナバホの敷物) ▶ p.36
An Apache Door

とりやすいひも ● 素材：アクリル・絹　長さ：180〜200cm

中級

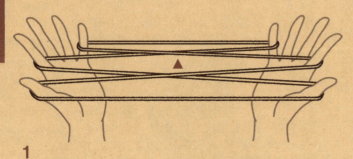

1
人さし指のかまえ(p.76)からはじめます。親指・中指・薬指・小指を、人さし指の輪▲に下から入れ、ひもを手首に下げます。

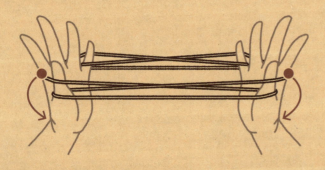

指先を入れたところ。そのまま人さし指のひも●を手首に下げます。

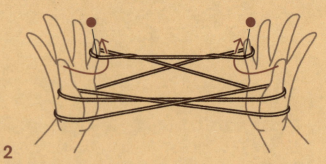

2
親指で、小指の手前側のひも●を、下からとります。

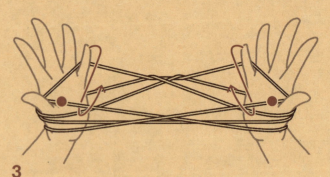

3
小指で、親指の向こう側のひも●を下からとります。

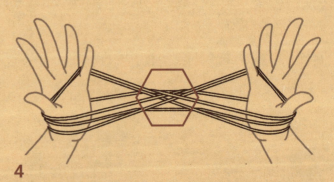

4
左手で、⬡の中央の部分のひもをすべてつかみます。指のひもが外れないように気をつけましょう。

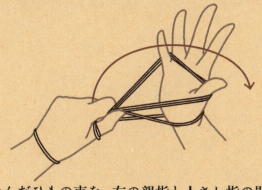

5
つかんだひもの束を、右の親指と人さし指の間から、甲側へ持っていきます。

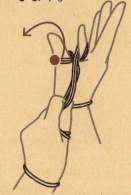

6
左手にひもの束をはなし、左手で右親指の輪2本●を抜きとり、手のひら側に持っていきます。このとき、**5**のひもの束ごと外しましょう。

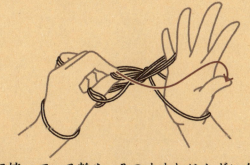

7
左手で持っている輪を、そのままねじらずに右親指にかけなおします。

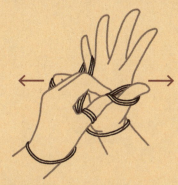

8
かけたら、両手を左右に開きます。

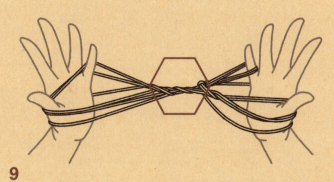

9
今度は手をかえて、**4〜8**を行います。まず右手で、◯の中央の部分のひもをすべてつかみます。指のひもが外れないように気をつけましょう。

つづき

中級

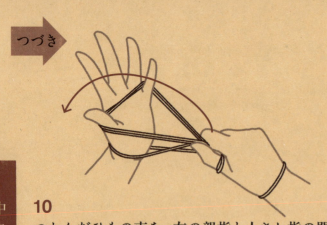

10
つかんだひもの束を、左の親指と人さし指の間から、甲側へ持っていきます。

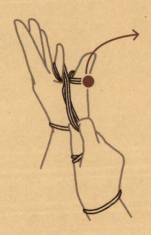

11
右手のひもの束をはなし、右手で、左親指の輪2本●を抜きとり、手のひら側に持っていきます。このとき、10のひもの束ごと外しましょう。

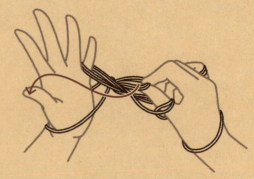

12
右手で持っている輪を、そのままねじらずに右親指にかけなおします。

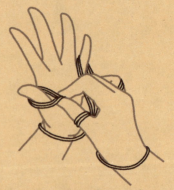

13
かけたら、両手を左右に開きます。

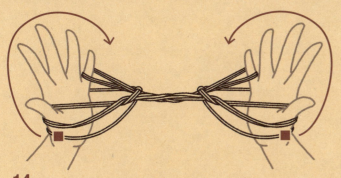

14
手首のひも■を、ほかの指のひもを外さないように、手のひら側に持っていって外します。

反対側の手で外すとよいでしょう。

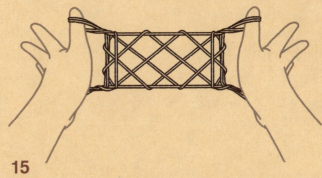

15
はずしたら、指先を向こうに向けて、両手を開くと、「テントの幕」のできあがり。

できあがり

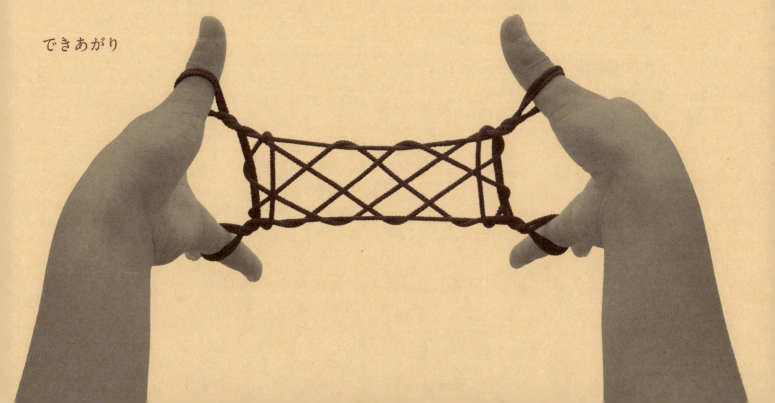

仕上げに協力者が必要です

開拓地の家→六角星 ▶ p.42
A Brush House and A Six-Pointed Star

とりやすいひも ●素材：アクリル・綿　長さ：180〜200cm

中級

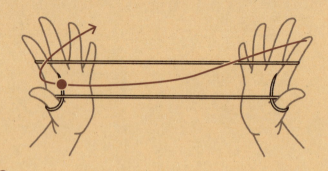

2
右人さし指で、左親指と人さし指の間を通るひも●を、下からとりながら、

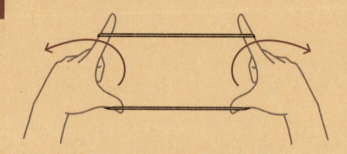

1
まずはひとりではじめます。ひもの輪に、上から親指と人さし指を入れてから、手のひらを上に向けるようにして、ひもを指にひっかけます。

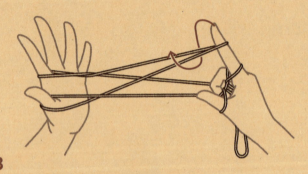

3
右人さし指を、向こう側・下・手前と回して、ひもをねじってから、両手を開きます。

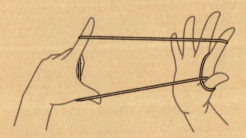

片方ずつ行うと、やりやすいでしょう。

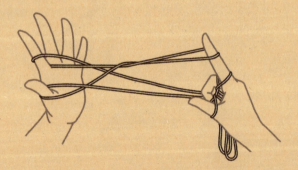

ねじったところ。そのまま両手を左右に開きます。

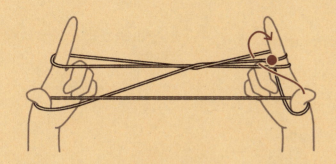

4
右親指で、右人さし指の手前側の上のひも●を、下からとります。

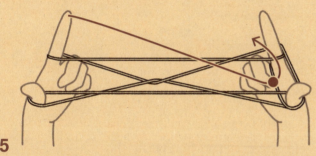

5
左人さし指で、右親指と人さし指の前を通るひも●を、下からとりながら、

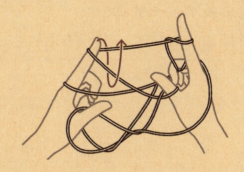

6
左人さし指を、向こう・下・手前と回して、ひもをねじってから、両手を開きます。

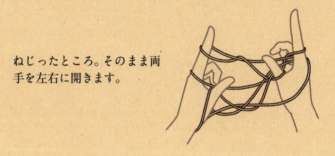

ねじったところ。そのまま両手を左右に開きます。

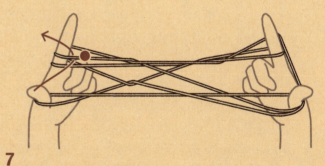

7
左親指で、6でねじった左人さし指の手前側の上のひも●を、下からとります。

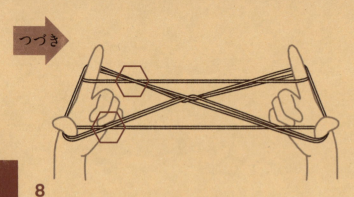

8
左の親指と人さし指の前で交差している部分◯を、右手でいっしょににぎります。

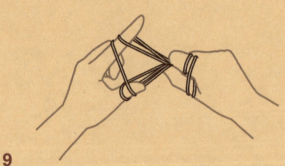

9
そうっと、左親指と人さし指を抜きます。ひもの形がくずれないようにしましょう。

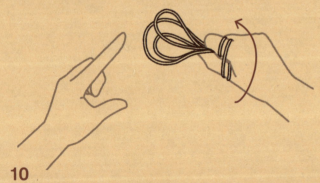

10
右手を向こう側へ半回転ひねり、9で抜いた輪をひっくり返します。

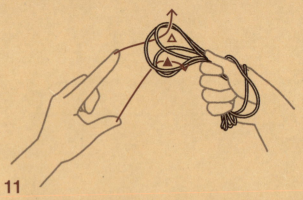

11
手前側の輪▲に右親指を、向こう側の輪△に右人さし指を、下から入れます。

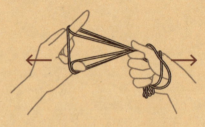

指を入れたところ。右手をはなし、両手を左右に開きます。

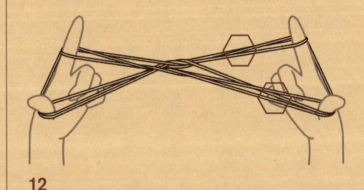

12
右手も**8〜11**と同様に指を入れなおします。まず右の親指と人さし指の前で交差している部分を、左手でいっしょににぎります。

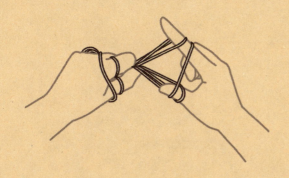

13
そうっと、右親指と人さし指を抜きます。ひもの形がくずれないようにしましょう。

14
左手を向こう側へ半回転ひねり、**11**のように、右親指と人さし指をひっくり返った輪に、下から入れます。

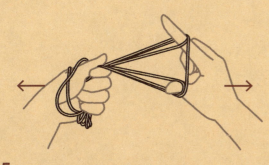

15
左手をはなし、両手を左右に開きます。

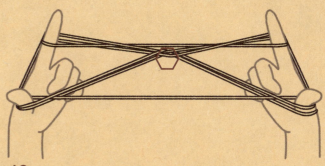

16
テーブルなど平らなところの上で、協力者に、まん中の交差した部分○を、上からつまんでもらいます。

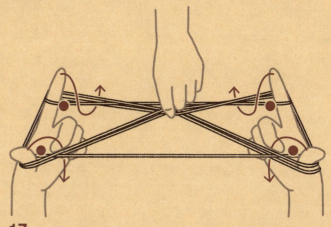

17
親指と人さし指の先をくっつけるようにしてから、下・外側に向けて、それぞれの内側のひも●を、指の腹で引っかけるようにしてとります。

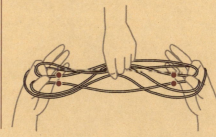

指先をくっつけたところ。そのまま指先を下・外側に向けて●をとると、自然に他のひもは外れます。

つづく →

つづき

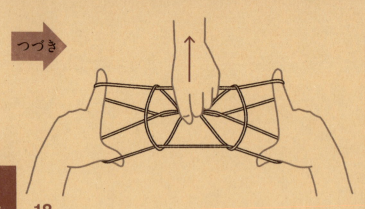

中級

18
協力者に、**16**でつまんだ部分を上に引いてもらいます。

19
とんがり屋根の「開拓地の家」ができあがり。

できあがり（開拓地の家）

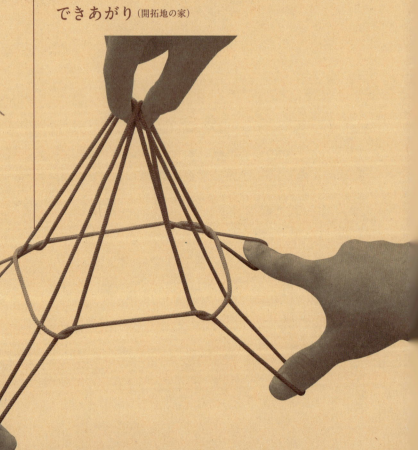

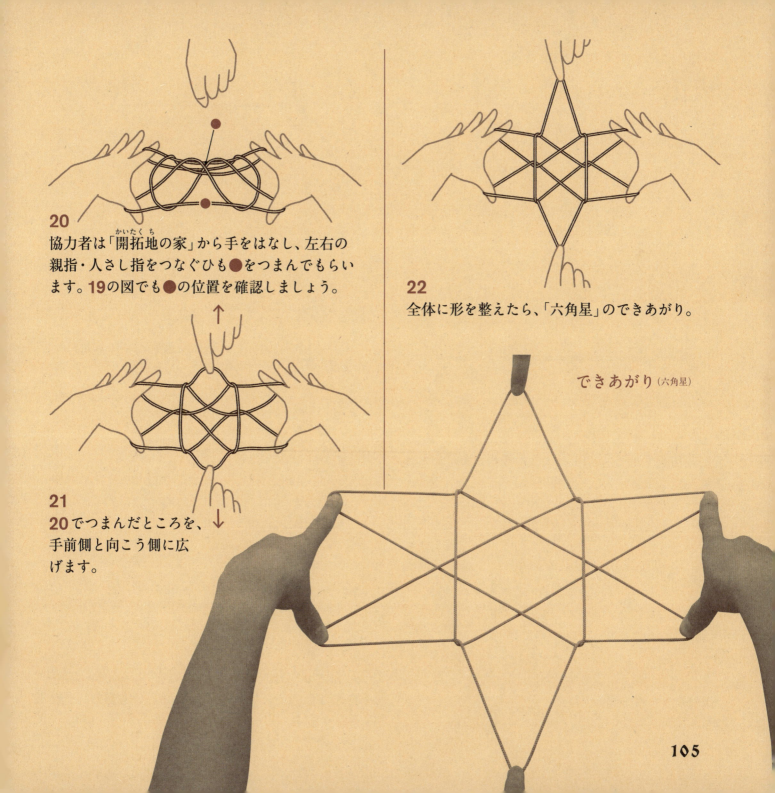

20
協力者は「開拓地の家」から手をはなし、左右の親指・人さし指をつなぐひも●をつまんでもらいます。19の図でも●の位置を確認しましょう。

21
20でつまんだところを、手前側と向こう側に広げます。

22
全体に形を整えたら、「六角星」のできあがり。

できあがり(六角星)

ねじった部分が噴火を表現
火山 ▶ p.70
Erupting Volcano

とりやすいひも●素材：アクリル・綿　長さ：180〜200cm

上級

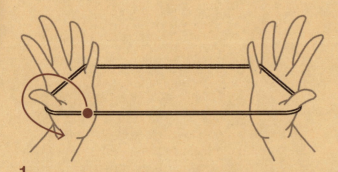

1
はじめのかまえ（p.76）からはじめます。右手で、左親指近くのひも●を持ち、左親指に1回巻きます。

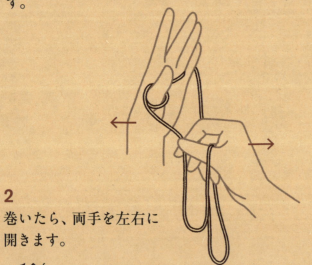

2
巻いたら、両手を左右に開きます。

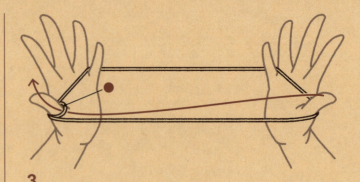

3
右親指で、左親指に巻いた輪●を、下からとります。

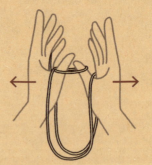

右親指を入れたところ。そのまま、両手を左右に開きます。

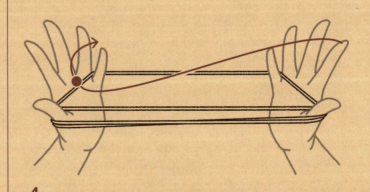

4
右人さし指で、左手のひらを通るひも●を、下からとります。

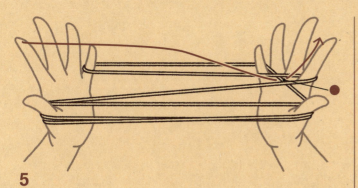

5
左人さし指で、右人さし指の前を通るひも●を、下からとります。

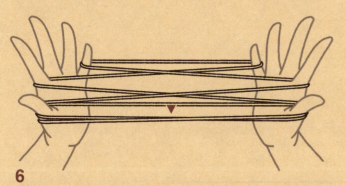

6
親指の輪▼に、他の4本の指を、上から入れます。

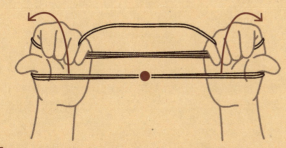

7
親指手前のひも2本●を、手の甲側へ送ります（返しどり）。

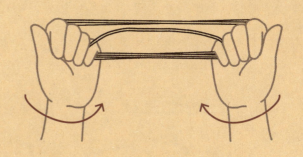

8
指を開いて、手のひらを向かい合わせます。

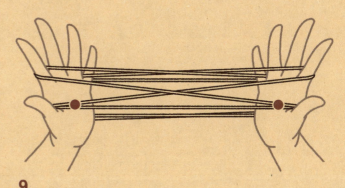

9
親指で、親指のつけ根のひも2本●を、下からとります。

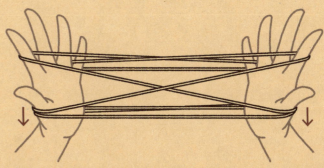

10
9でとったひもを、手首に下げます。

つづく

107

つづき

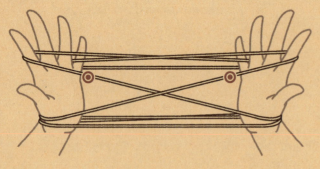

11
親指で、人さし指手前のひも◉を、上からおさえます。

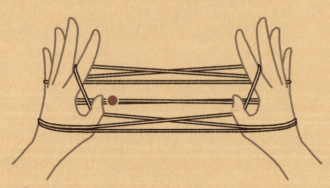

12
11のまま、小指の向こう側のひも2本●を、下からとります。自然に11でおさえたひもは外れます。

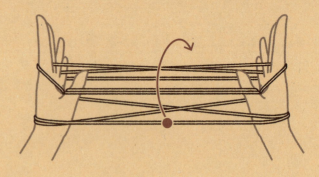

13
左右の手首の手前側を横に結ぶひも●を、すべてのひもを越えて、小指の向こう側へ送ります。

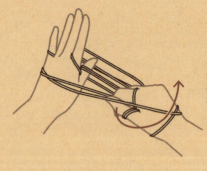

片方ずつ、●の内側に手を入れ、手前・上と手首を回すと、自然に送れます。

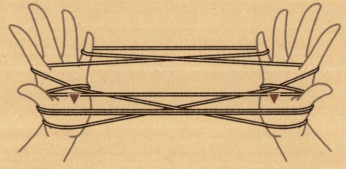

14
親指の輪に、他の4本の指を上から入れ、間のひもをにぎります。

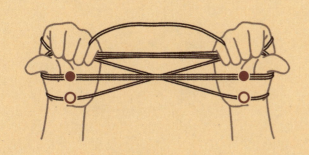

15
親指の手前のひも2本●と、手首の手前のひも〇を、すべて手の甲側へ送ります（返しどり）。

ひも●と〇を送ったら、指を上に向け、両手を左右に開きます。

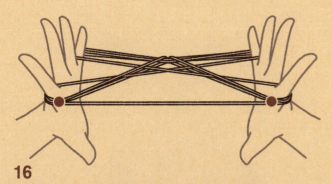

16
親指で、人さし指の手前のひも3本●を、下からとります。

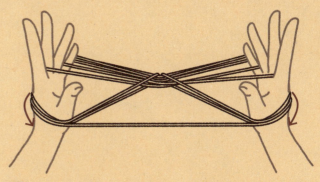

17
16でとったひもを手首に下げます。

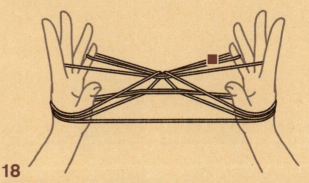

18
左手で、右小指の輪■をつまんで、いったん外します。

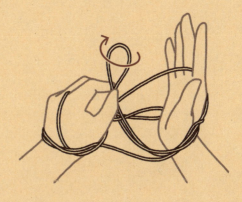

19
つまんだ輪を、向こう側へ3〜4回ねじります。

つづき

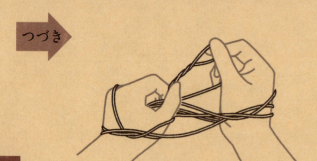

20
ねじった形のまま、右中指にかけます。

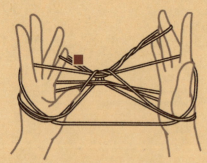

21
右手で、左小指の輪■をつまんで、いったん外します。

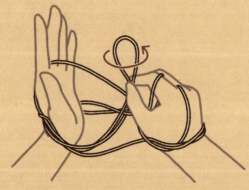

22
つまんだ輪を、向こう側へ3～4回ねじります。

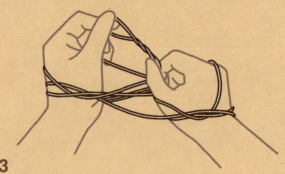

23
ねじった形のまま、左中指にかけます。

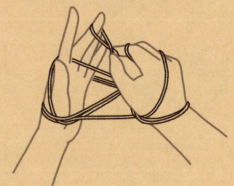

24
かけたら、両手を左右に開きます。

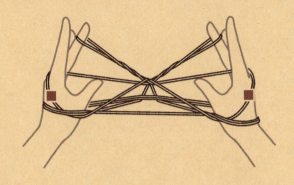

25
親指と人さし指にかかっているひも■を外します。

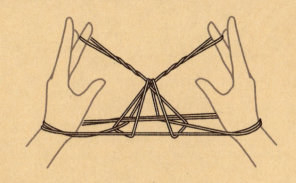

25
形を整えたら、「火山」のできあがり。

できあがり

クワクワカワク（バンクーバー島先住民）のあやとり

1930年〜31年にアメリカの文化人類学者F. ボアズ博士のカナダ・バンクーバー島の調査旅行に同行したロシア人、J. P. アヴェルキエバは、そこに住む先住民クワクワカワク（当時はクワキウトル・インディアンと呼ばれていた）から100種を超える伝承あやとりを採集しました。同時にあやとり歌も採録されていて、貴重な研究資料となるものでした。しかし、当時ロシアではソビエト革命がおこり、ユーリアはあやとりについての未完のレポートをボアズに託して帰国、その報告書はボアズの死後に忘れ去られてしまいました。

　1982年、埋もれていたあやとり文献の発掘を続けていた国際あやとり協会（ISFA）会長のM. シャーマン博士は、この幻の報告書がニューヨークのアメリカ自然史博物館に保管されていることを突き止めます。シャーマンは、この文書を公刊するにあたり、あやとりのとり方を再現するだけの復刻版では物足りなく思いました。そこで、それぞれのあやとりの背後にあるクワクワカワクの物質文化・精神文化の世界にまで立ち入り、あやとりに表現された世界観を易しく解説したのです。また、他のアメリカ先住民や極北圏のイヌイットのあやとりとの比較を交えて、クワクワカワクのあやとりの手法の特徴を分析するなど、あやとりを学問的に扱ううえでひとつの手本となる著作を発表しました。

日本ではまだあまり知られていませんが、クワクワカワクには独自の神話や伝説にもとづいたあやとりが多くあります。たとえば「太陽・月・星(p.8)」は、渡り鳥が天空に太陽、月、星を置いたとの言

い伝えをもとに作られました。そして暗黒の世界に光をもたらしたのがこの鳥であると信じられていました。

　また、「2頭のシャチ(p. 10)」は「偉大な長老は亡くなれば皆シャチに姿を変える」との言い伝えによるものです。「人が亡くなると、小さなカヌーが遺体を引きとりに来て、やがてそのカヌーはシャチの姿にかわり、シャチから潮を吹くように命じられる。4回試みてうまく吹くことができなければ、死者はそのまま墓に戻される」といったような、現代のわたしたちからすると奇想天外とも思われる物語がついていました。バンクーバー島に住む彼らにとって、シャチは生活に欠かせない貴重な存在だったにちがいありません。シャチと人間は大変近い存在であるとクワクワカワクの人々は信じており、今もこの考えは継承されているようです。

　クワクワカワクには、「太陽・月・星」「2頭のシャチ」「子どもの墓(p. 12)」の他にも「光の箱」「くしゃみ」「浜跳虫」「小さいふくろう」「義理の兄弟の出会い」など数多くの変わったあやとりが伝承されています。

参照：
シシド・ユキオ「クワクワカワクの伝承あやとり」ISFAホームページ〈http://isfa-jp.org/image_1006.htm〉
Averkieva, J. P. & M. A. Sherman, *Kwakiutl String Figures: Anthropological Papers of the American Museum of Natural History*, Univ of Washington Pr, 1992

113

ナバホ(アメリカ先住民)のあやとり

　アメリカ大陸には古くから先住民の人たちが暮らしていました。しかし、コロンブスがアメリカ大陸を発見して以来、新天地を求めて次々とヨーロッパなどから白人が移住をしてきて、その植民地政策により先住民たちは西へ西へと追いやられ、最終的にはアメリカ南西部の砂漠地帯や荒れはてた高原地帯の居留地に住むようになりました。その間、白人との闘争や部族間の軋轢、大陸の外からもたらされた病気などの厳しい環境条件により人口が激減し、彼らにとって貴重な伝統文化は衰退していきました。しかし、ナバホの人々は先祖から受け継いだ文化を、大切に守り続けようとしたのです。

　文字をもたなかったナバホの人たちは、あやとりを通して子どもたちに生活に必要なさまざまな教えを与えていました。ナバホ居留地の近くにはローウェル天文台があり、今は天体の観測地として有名で、夜空には美しい星が満天に輝きます。そのため、夜空に輝く星を表したあやとりがたくさん伝えられているのです。ナバホの人々は子どもたちに「たくさんの星」(p. 16)を見せながら宇宙の成り立ちや星や星座の話を聞かせていました。また、「プレアデス(7つ星)」(p. 18)を見せながら、「この形の星々が空に見えたらトウモロコシの種を植えなさい」などとも教えていました。季節を表すカレンダー代わりにも用いられてたのです。

　高原地帯は寒暖の差が激しく、天気も変わりやすので「嵐の雲(p. 20)」や「稲妻(p. 22)」のように天候を表したものもあります。ナバホの人々の住む高地にはコヨーテ以上の大きな動物は棲んでおらず、

したがって「ナバホの蝶」(p. 26)「鳥の巣」(p. 24)「ふくろう」(p. 28)「毛虫」(p. 32)「2匹のコヨーテ」など小さな生き物がテーマになっています。「ナバホの蝶」は羽と口吻だけで立体的に蝶の姿を表しており、左右に平面的に羽を広げている日本の「蝶」とは対照的で面白いあやとりです。また、ヘカレイヤの人々は「ティーピー」(p. 34)と呼ばれる円錐形の住居に住んでいましたが、ナバホの人々はホーガンと呼ばれる丸いドームの形をした住居に住んでいました。ホーガンには土を練って作られたものや木の枝で作られたものなどがあります。

「ナバホの敷物」はヘカレーヤ・アパッチの「テントの幕」(p. 36)と同じ形のあやとりです。敷物は世界的に有名で、それを織るのはナバホの女性の仕事でした。ナバホのあやとりの特徴として「ナバホどり」(p. 77)や「ナバホのかまえ」など独特なとり方があります。「ナバホどり」は有名で、ほとんどの地域で使われているとり方です。「ナバホのかまえ」は日本の「中指のかまえ」とはまったく違ったひものかけ方をします。

日本では、1970年代にISFA設立者の野口廣によって10種類ほどのナバホのあやとりがはじめて紹介されました。しかし、ナバホの人々にとってあやとりは「Holly People（聖なる人々）」から与えられた大切なもので、長い間外の世界の人にはほとんど隠されていました。1999年になって同協会との交流がはじまり、彼ら自身がその言い伝えとともにインターネットなどで世界に向けて公開するようになりました。

115

南米ガイアナのあやとり

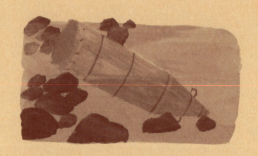

　南米の北東部に位置するガイアナは、広大な熱帯雨林がいくつもの川や小川や滝によって隔てられており、4つの自然地域に区分されています。年間を通じて降雨量が多く、多種多様の生き物が生息しています。雨季には川の水が増して植物も一部水に沈んでしまうため水中から養分を吸収できるような根が発達した樹木が多くあります。そのような様子を表したのが「ジャングルの木」です。先住民たちは小さな集落に固まって暮らし、狩猟や漁、植物栽培などを行っています。そのため「魚のわな（メガホン）」(p. 50)や「鳥捕りの仕かけ」といったあやとりがあります。また、身近な生き物には「オウム」(p. 48)や「ヒキガエル」(p. 52)などがあやとりのテーマになっています。

　約100年ほど前にW. E. ロースがガイアナで調査を行いました。その報告書によればこの本では紹介できませんでしたが、「ヨツメウオ」や「ハンモックから足を出しているおじいさん〜足を引っ込めました」といった面白い名前のあやとりも見つかっています。

南米ペルー、ブラジル、アルゼンチンのあやとり

ペルー北東部、アマゾン川流域の村々では、今でもあやとりは大変人気のある遊びです。日本の「さかずき」と同じ形がペルーにもあり、「トカゲの口」と呼ばれています。また、「腕抜き」はボラの村の大人たちの遊びだそうです。「チャマの家」(p. 60)を見ると彼らの住居は大きな屋根が特徴のようです。

ブラジル中西部、アラグアイア川流域に住むカラジャの人々は、今も伝統文化を大切に守っています。プリチと呼ばれる大きなヤシの木で作る工芸品は有名で大きな収入源となっています。ひもはプリチの繊維から作るので、このヤシの木とともにある生活が続くかぎりあやとりの文化は廃れないだろうと言われています。「こうもりの群れ」(p. 62)は洞窟の壁にぶら下がるこうもりの姿を表しています。

アルゼンチンのパタゴニア北部地方、チリとの国境沿いのアンデス山脈には火山がたくさんあります。「火山」(p. 70)は先住民マプーチェ族(現地語で「大地に生きる人」)のあやとりで、火山活動が盛んだった時期に作られたと言われています。他にも「ジャガーの顔」や「ジャガーの足跡」「アルマジロ」などというあやとりが伝えられています。アルゼンチンはイタリアやスペインなどから移り住んだ白人が人口の97％ほどを占めており、先住民はごく僅かしか住んでいません。

あとがき

　南北アメリカのあやとりを本書で紹介するにあたり、著者自身もそのひとつひとつを調査しなおし、あらためて背景にある自然や人々の暮らし、そして人々の歴史を学ぶことができました。若い頃、夫の仕事でアメリカで暮らしたことがありますが、小学5年生だった長男が学校で学んでいた「Social Study（社会科）」の教科書を一緒に読みながら、アメリカは素晴らしい歴史をもつ国だと感動したものです。

　その一方、アメリカ先住民には実に厳しい歴史がありました。そのような環境の中でも彼らは伝統文化であるあやとりを大切に維持し、現代のわたしたちにまで伝えてくれています。文明が発達した現代においても、このような伝承あやとりを後世に伝えていきたいものです。

野口とも

野口とも のぐち・とも

国際あやとり協会会員、数学オリンピック財団元理事、イリノイ大学語学研修、国際あやとり協会創設者野口廣著あやとり本の著作協力をはじめ、動画の監修、テレビ出演や各種あやとりイベントの指導や世話役などを務めている。

　著書は『大人気！！ 親子であそべる たのしい！あやとり』(高橋書店)、『あやとりしよ！ DVD BOOK』(宝島社)、『いちばんやさしいはじめてのあやとり』(永岡書店)、『あやとりであそぼ！「おはなし」つきでたのしいよ』(日本文芸社)、『あそぼう、あやとり』(ベースボールマガジン社)、『決定版 かんたんあやとり』『頭がよくなる育脳あやとり』(共に主婦の友社)、『あやとりだいすき』(学研ステイフル)、世界の伝承あやとり『オセアニアのあやとり1』『オセアニアのあやとり2』(共に誠文堂新光社)等。

「テントの幕（ナバホの敷物）」(p.36)をとる著者

表紙あやとり
「うさぎ」

2章扉あやとり
「たきぎ運び」
(モデル：高橋玲帆)

協力
ISFA 国際あやとり協会
(International String Figure Association)

著作・撮影協力
杉林武典（ISFA会員）

あやとりをとってくれた人
佐藤直翔、髙橋岳大、高橋玲帆

撮影
佐藤克秋

デザイン
三木俊一＋髙見朋子（文京図案室）

イラスト
山口洋佑（第1章）、かわもとまる（第2章）、
あくつじゅんこ（あやとりの基本）

編集
山田桂、西まどか（誠文堂新光社）

世界の伝承あやとり
南北アメリカのあやとり
先住民の文化と生活から生まれたかたち

NDC 798

2019年1月20日　発　行

著者
野口とも

発行者
小川雄一

発行所
株式会社誠文堂新光社
〒113-0033 東京都文京区本郷3-3-11
(編集)電話03-5805-7763
(販売)電話03-5800-5780
http://www.seibundo-shinkosha.net/

印刷
株式会社大熊整美堂

製本
和光堂株式会社

©2019, Tomo Noguchi.
Printed in Japan
検印省略

万一落丁・乱丁本の場合はお取り換え致します。

本書掲載記事の無断転用を禁じます。本書のコピー、スキャン、デジタル化等の無断複製は著作権法上での例外を除き、禁じられています。本書を代行業者等の第三者に依頼してスキャンやデジタル化することは、たとえ個人や家庭内での利用であっても著作権法上認められません。

本書に掲載された記事の著作権は著者に帰属します。これらを無断で使用し、展示・販売・レンタル・講習会等を行うことを禁じます。

JCOPY〈(一社)出版者著作権管理機構 委託出版物〉
本書を無断で複製複写(コピー)することは、著作権法上での例外を除き、禁じられています。本書をコピーされる場合は、そのつど事前に、(一社)出版者著作権管理機構(電話 03-5244-5088／FAX 03-5244-5089／e-mail:info@jcopy.or.jp)の許諾を得てください。

ISBN978-4-416-51900-4